云帆下的品味

江南人文手记

陈 益 著

学林出版社

图书在版编目（CIP）数据

云帆下的品味：江南人文手记 / 陈益民.— 上海：学林出版社，2013.2
 ISBN 978-7-5486-0456-3

Ⅰ．①云… Ⅱ．①陈… Ⅲ．①散文集-中国-当代 Ⅳ．①I267

中国版本图书馆CIP数据核字（2012）第271078号

云帆下的品味：江南人文手记

作　　者——陈　益
责任编辑——解永健
装帧设计——魏　来

出　　版——上海世纪出版股份有限公司　　学林出版社
　　　　　　地址：上海钦州南路81号　　　电话/传真：64515005

发　　行——中国图书进出口上海公司
　　　　　　地址：上海市广中路88号　　　电话：36357888

字　　数——17万

书　　号——ISBN 978-7-5486-0456-3/I · 73

（如发生印刷、装订质量问题，读者可向工厂调换。）

目 录

寻踪

麻将的起源 …………………………………………… (3)

何处病梅馆 …………………………………………… (7)

稻作,江南文化之根 …………………………………… (11)

从太师淀看南宋财政危机 …………………………… (18)

一江罡风 ……………………………………………… (22)

昆山并未迁治小昆山 ………………………………… (30)

元明时期昆山的文化交流 …………………………… (35)

古镇的寿期——江南古镇兴衰的文化考察 ………… (44)

沈万三是沈括后裔? ………………………………… (54)

章腾龙身世与《贞丰拟乘》 …………………………… (58)

"中国第一水乡"的由来 ……………………………… (62)

访曲

遗产永辉 ……………………………………………… (69)

曝书遗珠——朱彝尊手抄《长生殿》残本识小 ……… (74)

本大者其枝茂——从《澜溪梁氏续谱》到《浣纱记》 … (79)

曲家吴梅的呆与狂 …………………………………… (85)

笔底明珠无卖处 ……………………………………… (92)

雅俗贵贱不分飞 ……………………………………… (98)

不该丧失的原真 ……………………………………… (104)

昆曲语境中的同性恋现象 …………………………… (107)

读人

  孙中山给侄儿孙昌的信札 ……………………………… (119)
  以天下苍生为念——浅论顾炎武的民本思想 ………… (122)
  语濂泾 ……………………………………………………… (130)
  假如顾炎武生活在今天 …………………………………… (132)
  圆周率的诞生地 …………………………………………… (137)
  南武人王韬 ………………………………………………… (143)
  黄炎培与徐公桥试验区 …………………………………… (146)
  归有光与魏校的师生相 …………………………………… (150)
  龚贤的半千与半亩 ………………………………………… (153)
  从张香桐先生英译《朱子家训》说起 ………………… (156)
  游子的忧伤 ………………………………………………… (159)

感时

  云帆下的品味 ……………………………………………… (165)
  城市的俯览与仰视 ………………………………………… (171)
  在景点的幕后 ……………………………………………… (175)
  只因它太美了 ……………………………………………… (179)
  皇帝的基本功 ……………………………………………… (181)
  荷花溇 ……………………………………………………… (184)
  谁天生会乘飞机 …………………………………………… (186)
  执其两端用其中 …………………………………………… (190)

寻踪

- 麻将的起源
- 何处病梅馆
- 稻作,江南文化之根
- 从太师淀看南宋财政危机
- 一江罡风
- 昆山并未迁治小昆山
- 元明时期昆山的文化交流
- 古镇的寿期——江南古镇兴衰的文化考察
- 沈万三是沈括后裔?
- 章腾龙身世与《贞丰拟乘》
- 「中国第一水乡」的由来

寻踪

麻将的起源

宁波天一阁，遐迩闻名的私家藏书楼，是天下读书人的精神圣殿。但很少有人知道，除了卷帙浩繁的藏书，这里还有一个麻将起源地陈列馆，其中的陈列品琳琅满目，吸引了不少参观者。显然，人们是在文化层面上看待这件中国的国粹的。

麻将是中国博弈文化之集大成者。当年，梁启超曾如此表达自己的切身体会："惟有打麻将才能忘记读书，惟有读书才能忘记打麻将。"鲁迅先生也有"读书如赌博"这样的话。他在《读书杂谈》一文中说："嗜好读书，犹如爱打牌一样，天天打，夜夜打，连续的打，有时被捕房捉去了，放出来之后还是打。诸君要知道真打牌的人目的并不在赢，而在有趣。"事实上，1998年6月，麻将已被有关部门正式批准为一种体育竞技项目，《中国麻将竞赛规则》也编写完成。存在的就是合理的。小小的方块牌充满了智慧，蕴含着中国人对待世界的大道理。这种诟病不断，让人又恨又爱，却又难舍难弃的娱乐活动，进入千家万户，谁也无法将它漠视。

关于麻将的起源，历来有很多种说法。一是说明宣德年间郑和下西洋，为了给常年航行于海上的船员排遣沉闷无聊，有人设计出了一种竹牌游戏，即后来的麻将；一是说明代有一个名叫万秉迢的人，被施耐庵《水浒传》中的108位好汉所折服，精心设计出了108张麻将纸牌，暗喻《水浒传》中的108位好汉，以此纪念他们。例如牌中的九索，指"九纹龙"史进，二索则指"双鞭"呼延灼。108位梁山好汉，分别来自四面八方，于是牌中有东、南、西、北各4张。在梁山泊聚义的群雄有贫有富，出身各异，因此牌中又设中、发、白——发是发财之家，白是白丁、贫民，中是中产人家。麻将又分万、筒（饼）、索（条），这恰恰是发明人姓名万秉（饼）迢（条）的谐音。还有一说，是麻将起源于太仓。太仓在

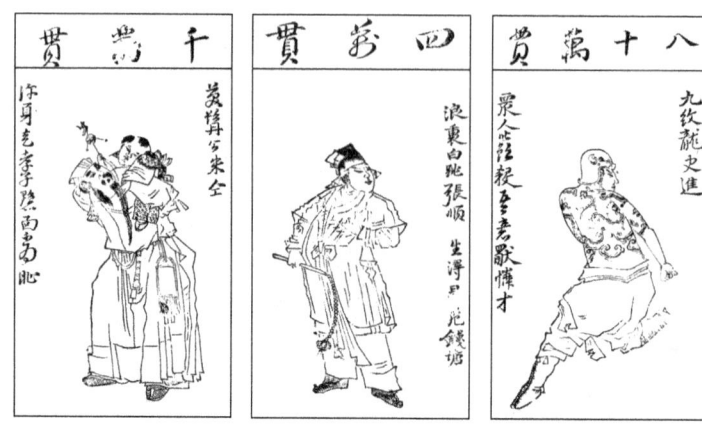

陈老莲绘水浒叶子

古时是皇家粮仓,粮仓既设,雀患不断。守仓兵丁以捕雀取乐,仓官变鼓励为奖励,发放竹制筹牌记数酬劳。刻字的筹牌,渐渐成为游戏的工具。演变定型,便成了麻雀牌,即今天的麻将。其玩法、术语等都与捕捉麻雀有关。

将麻将纸牌改造成为现代麻将式样的,则是宁波人陈政钥(1817—1878年,字鱼门)。陈鱼门自幼才智过人,还学过英文,"广交游,琴酒无虚日"。他深感纸牌有诸多不便,用了不多久就会磨损残破,在船上风大时更容易被吹走,便于同治三年(1864年)革新为竹骨。他继承了碰和牌中的万、索、筒,共108张,同时改红花为绿发、白花为白板、老千为红中,各4张,共12张,增加东、南、西、北四风,各4张,共16张,形成了136张一副的麻将牌,其打法也由繁到简。一经问世,便盛行南北。陈鱼门与英国驻宁波领事夏复礼相交甚笃,很快就教会了英国外交官打麻将。所以,天一阁麻将起源地陈列馆门口,特意塑有欧洲人、日本人与陈鱼门"三缺一",等待有人与他们打麻将的铜像。五口通商以

陈老莲绘水浒叶子

后，越来越多的船舶聚集宁波江厦，商贾云集，演习麻将者日众，不仅在闽粤濒海各地及海舶间流行，延及津沪商埠，而且波及海外。20世纪20年代麻将风靡英格兰，美国于1937年建立了"全国麻将联合会"，日本的"麻雀店"则多达数万家。

但，不管有多少种说法，麻将起源于中国古代的博戏，是肯定的。叶子戏、骰子、诗牌是博戏的主要构成。

叶子，是明代一种风行天下，上自达官公卿，下至百姓妇孺，几乎没有不喜好的纸牌。最初起源于江苏昆山。据《菽园杂记》、《坚瓠集》等书记载，这种纸牌又称马吊、叶子，当时的人们将玩纸牌称为"斗叶子"。纸牌一共有四十张，四人入局，每人八张，其余的放在中央，玩的时候以大击小，变化多端，饶有趣味。清代诗人吴伟业曾用拟人化手法，写了一篇《叶公传》，将叶子刻画得淋漓尽致："有叶公子者浪迹吴越间，吴越间推中人为之主，而招集其富家，倾囊倒箧，穷日并夜，以为高会。入其坐者，不复以少长贵贱为齿。"清代宁波文人李邺嗣的《马吊说》,也记述了当时纸牌盛行的状况。

爱国主义学者、思想家顾炎武在他的《日知录》中写下这样一段话:"万历之末,太平无事,士大夫无所用心,间有相从赌博者,至天启中,始行马吊之戏。"字里行间,不难看出他对这种娱乐赌博活动的忧虑之心。

在昆山发明的叶子,很快由吴越地区传向了北方,居然风靡京都,甚至连大学士周延儒也酷爱到了狂热的地步。崇祯十五年(1642年),周延儒有一次出京视师,已经行进了百余里,突然命令旗牌持令箭,飞马回京。宫廷中的人们见状惊疑相告,以为前方军情严重,实际上他仅仅是为了取纸牌等玩具而已。

绝大多数的叶子上,画的是《水浒传》中的梁山好汉。潘之恒《叶子谱》称:"叶子始于昆山,用《水浒》中人名为角觚戏耳。"也有人说:"斗叶子之戏,吾昆城上自士大夫,下至僮竖皆能之……阅其形制,一钱至九钱各一叶,一百至九百各一叶,自万贯以上,皆图人形。万万贯呼保义宋江,千万贯行者武松,百万贯阮小五,九十万贯活阎罗阮小七……一万贯浪子燕青。"小小的纸牌浸透了市场经济的酱汁,也散发着强烈的人文气息,真是耐人寻味。当时,居然连大名鼎鼎的画家陈老莲也亲笔画了《水浒传》叶子,仿佛是一件艺术品,神情毕肖,令人赞叹。我们在天一阁的麻将起源馆里,就能见到好几种图案的叶子。

到了清代初年,正是在叶子——马吊牌的基础上,演变成了魅力更大,也贻害无穷的麻将等赌具,而且极其迅速地蔓延开来。徐珂的《清稗类钞》说:"麻雀,马吊之音转也。吴人呼禽类如刁,去音读。"这是我们现在能够查到的关于麻将的早期资料,从中也不难看出麻将与叶子、马吊的渊源关系。

寻 踪

何处病梅馆

我去玉峰山后的遂园赏梅。因阴雨而推迟花期的梅花，终于开放。点点红梅，似殷红之血；片片白萼，如圣洁之雪，一派孤傲的君子气派。遂园，曾是昆山徐氏的私家园林，人们将它精心整葺，叠石理水，遍植梅花，成为亭林园的一部分。疏影横斜间，忽然想起了龚自珍。当年，他正是从徐氏后裔手里买下房屋，名之曰"羽琌山馆"，并写下佳作《病梅馆记》，流传于世。

我曾多次寻访龚自珍的遗迹。岁月荏苒，苍颜斑驳的富春桥依然明代风貌，东塘河（元至和塘古道）仍然流淌，东塘街上却已遍布住宅区和商铺，霓虹闪烁。名噪江南的徐氏藏书楼"传是楼"和"一弄十进士，同胞三鼎甲"的故事，只存留在人们的记忆里，羽琌山馆也不复可得。不到五十岁的龚自珍暴死于丹阳云阳书院后，衣冠冢葬昆山小西门驷马关。前几年，位于小西门的昆山一中，修筑了龚自珍纪念亭。但随着市政建设的推进，如今已荡然无存。

1839年，清道光十九年，己亥。辞官南归的龚自珍，把妻儿从京城接到昆山，安顿在修葺一新的羽琌山馆。这座别墅位于东塘街富春桥（俗称高板桥）堍，是十四年前龚自珍守母丧服满，作客昆山时，从徐氏后代手里买下的。"筑峻楼三层，最上层……颜其阁曰'宝燕阁'"。阁中珍藏的古玩，有一枚汉代美人赵飞燕的玉印，龚自珍视为三大宝贝之一。但是买下"宝燕阁"后没多久，龚自珍就回北京去了。如今，他打算在羽琌山馆长住，且以"羽琌山民"自诩，在这里整理《己亥杂诗》。

龚自珍委请邻居徐屏山（徐坪）从苏州西南的邓尉山购买了300盆病梅，予以疗救，使其恢复天性。购来梅树后，"斫其正，养其旁条；删其密，夭其稚枝；锄其直，遏其生气"。同时写下《病梅馆记》，表达自己的心志。梅树常被人弄成歪斜虬曲状，以此为盆景。但他觉得，崇尚自然、顺从天性、解放个性才是真正的美。这种理念，跟他的诗句"我劝天公重抖擞，不拘一格降人才"一脉相承。

有人认为，龚自珍于道光二十年九月有江宁之行，随后写下《病梅馆记》，所以篇首就是"江宁之龙蟠"。直接触因是他看见了江宁独特的盆梅，而邓尉山民以果梅为业，顺带花期的观赏，300盆梅花不可能是邓尉山的普通梅树。我想，这样的考据是否太过拘泥？尾句："安得使予多暇日，又多闲田，以广贮江宁、杭州、苏州之病梅，穷予生之光阴以疗梅也哉！"又该如何解说？岂不是真的要让龚自珍成为园艺师？

病梅馆在哪里？一般认为，龚自珍是在羽琌山馆附近开拓了一块隙地。170余年前，在东塘街上寻找一块隙地并不困难。何况，一个栽种300盆梅花的病梅馆，不需要太多面积。一些学者引用《己亥杂诗》中的一首"海西别墅吾息壤，羽琌山重拾阶上。明年俯看千树梅，飘摇亦是天际想"，描摹病梅馆的情景。其实，诗人所俯看的千树梅，当在玉峰山下。从东塘街西行至玉峰山，只消一支烟的工夫。依山而筑的遂园、附巢山园、贲园、养余园、乐彼之园等私家园林，暗香浮动，是早春赏梅的好去处。尤其是位于玉峰山东麓的武陵园，为大学士顾鼎臣的旧业，园中水流曲折可通舟行，两岸栽种了数百株梅树、桃树。虽然园子在乾隆年间已毁，但老树尚存，绿荫纷披。昔日的玉峰山四周，只有低矮的农舍田地，站在"峻楼三层"的羽琌山馆，他足可清晰地看到苍翠的马鞍状山岭，令神思联翩，诗兴勃发。

玉峰山腰，至今仍保留着两江总督陶澍所建的粤如旷如之亭。清道光十四年（1834年），为老百姓解除水患的林则徐途经昆山，选取范成大和陆游的诗句，组成一联"有情碧嶂团圞绕，得意孤亭缥缈间"，题写于亭内。四年以后，林则徐被任命为钦差大臣，前往广东沿海查禁鸦片。在他临行前，龚自珍作《送钦差大臣侯官林公序》，"献三种决定义，三种旁义，三种答难义，一种归墟义"，主张严禁鸦片，坚决抵抗英国侵略者，主张和外国作有益的通商，严格禁止奢侈

寻 踪

病梅图

品的输入,并且驳斥了各式投降派的有害论调。林则徐读后,不由怦然心动,于赴任途中写了复信《答龚定庵书》。而在林则徐奔赴广东的第二年,龚自珍辞官离京,来到昆山。

但龚自珍毕竟不是为写梅而写梅,恰如他不是为了开设病梅馆而来到昆山。

龚自珍是浙江仁和(今杭州)人。21岁时随母亲到苏州,与文字学家段玉裁的孙女段美贞结婚,龚自珍则是段玉裁的外孙。这段亲上加亲的姻缘,随着第二年七月,段美贞被庸医误诊,在徽州过早地离开人世而结束。道光三年(1823年)七月,龚自珍母亲在苏州去世。两年多后,龚自珍守母丧服满,从苏州作客昆山。龚自珍的舅父段骧(段玉裁长子),死后葬于苏州支硎山。龚自珍曾特意前去祭扫舅父的陵墓。此外,小时候的一个姓金的保姆也住苏州。保姆87岁时,龚自珍去看望她,在《己亥杂诗》中写下这样的一首:"温良阿者泪涟涟,能说吾家六十年。见面恍疑悲母在,报恩祝汝后昆贤。"字里行间充满了怀旧的温情。按理说,龚自珍与苏州有不解之缘,然而,他却把离苏州有40公里的昆山作为晚年归宿之地,究竟是什么原因?

9

我想，作为一个具有诗人气质的思想家和一个时代的先觉者，龚自珍与昆山的情缘，应该从精神层面去理解。1839年，正值鸦片战争的前夜，阶级矛盾和民族矛盾日益恶化，清朝统治阶级对内的高压政策也愈演愈烈。敏感而桀骜不驯的龚自珍，对此有切身的体验。正是由于不满官场的腐败和黑暗，与周围郁闷的环境频频冲突，他才愤然辞官南归。《己亥杂诗》也是在这种背景下写成的。来到人文荟萃之地昆山，远离烦嚣，秀美的玉峰娄水抚慰着他痛楚的灵魂。羽琌山馆的原房主，是当过礼部侍郎的徐秉义，徐秉义的舅舅顾炎武，为明末清初著名学者、思想家，也是诗人。龚自珍与顾炎武在很多方面是相通的。

修筑病梅馆，象征着革除时弊、挽枯扶荣的愿望和决心，象征着以疗救病梅的心态，殷切地呼唤九州生气。从这个意义上说，龚自珍本身就是一座病梅馆。

稻作，江南文化之根

在中国的古史传说中，有一位叫神农氏的圣哲，为寻找充饥的植物，经受了"尝百草之实，察酸苦之味"、"一日而遇七十毒"的艰险历程，最后在荒野中选出了黍、稷、菽、麦、稻，从此华夏大地开始种植"五谷"，一直绵延至今。

考古发掘却证明，稻作的起源，比神农氏生活的炎黄时代早得多。

多年来，国内外的自然科学家、史学家、农学家，对于稻作的起源始终各持己见，纷争不息。20世纪30年代，前苏联著名遗传学家瓦维洛夫，一方面肯定中国是世界上最早、最大的作物起源中心之一，一方面又认为中国的水稻是由印度传入的。日本学者星川清亲也说水稻栽培起源于印度。另一位日本学者加藤，则将籼稻命名为印度型、粳稻命名为日本型，这种观点流行一时。直到20世纪70年代，浙江余姚河姆渡遗址出土了大量距今7000年前的稻谷遗存，才改变了水稻起源于印度奥里萨邦、印度支那的湄公河三角洲或中国的珠江三角洲平原沼泽地、云贵高原的说法。

20世纪90年代后，在长江中游和淮河上游地区发现了年代比河姆渡遗址更早的新石器时代遗址，年代均在距今7500年—距今9000年。甚至还发现了和稻作有关的10000年以前的遗址。

考古发现一次又一次证明，水稻的源始不在别处，恰恰在中国长江中下游地区——迄今为止出土的100多处稻作遗存，绝大部分在长江流域。江西万年县仙人洞遗迹、浙江浦江县上山遗迹、湖南道县玉蟾岩遗迹、浙江萧山跨湖桥遗迹、余姚河姆渡遗迹、余杭良渚遗迹和江苏阳澄湖畔的草鞋山遗址、绰墩山遗址……揭示着稻作农耕的不同发展阶段。

稻作起源于中国，中国是世界上水稻种植历史最悠久的国家，这已经形成了共识。

绰墩遗址发掘现场

最近,我有机会参观河姆渡遗迹博物馆,再次引发了对稻作起源问题的思考。河姆渡出土的炭化稻谷,经过C14测定证明,绝对年龄已有6700多岁。那些谷粒属于晚籼稻,形态上与野生稻有了很大区别。同时出土的还有不少精制的骨耜——一种用属蹄类动物肩胛骨制成的翻土工具。这证明,当时的农业不仅改变了食用野生水稻的状况,更跨过"刀耕火种"阶段,开始耜耕。考古证实的江南水乡农耕技术,超越了我们的想像,改变了教科书上的记载。

许多专家认为,稻作的起源以及水稻的进化,有几个最基本的要素,如四周有野生稻的大量栖息,人们对野生稻的生长规律有一定认识,随着人口增长,光靠野生稻的采集已不能满足食物需求。在紧迫的食物供应压力下,人们的智慧被激发出来,开始摸索、试验野生稻的驯化和人工栽培。原始水稻农耕就这样诞生了。不难想像,智慧是环境的产物,食物供应压力是农耕文化诞生和进化的根本动力。

回想起十几年前，我接待过参与草鞋山遗址考古的一支日本考古队，与他们有过一些交流。他们由宫崎大学教授藤原宏志和大阪大学、金泽大学的专家组成，获得了日本文部省的经费支持。那时，日本通过多种学科的结合，进行水稻田考古，稻作文化的研究取得了很大成绩。但他们发现的包括东京弥生町遗址在内的一百多处遗址，只有两千年历史，仅相当于中国的春秋时期。

日本的国土，由险峻的山地和狭窄的平原而构成，气候温暖湿润。这样的风土环境不适合畜牧，却适宜水稻种植。这个国家的历史和文明，是同水稻的种植一起开始的。学者们不能不承认，日本的水稻种植，是从一衣带水的中国传过去的。

傀儡湖畔的绰墩遗址，与草鞋山遗址隔湖相望。我经历了最初的几次考古发掘。根据已出土的文物可以确定为马家浜文化－良渚文化层（距今6000年—距今4300年）。从马家浜文化层中淘洗出了大量碳化米。这充分说明，这里早在6000年前就开始人工种植水稻。考古学家在研究中发现，碳化米具有长粒型、椭圆型和中间型多种形态。粒型的大小与野生水稻相差无几，但是粒型的变异比野生水稻大得多。他们推测，那时候的水稻被人类栽培的时间还不长，属于原始栽培的水稻，处于由野生稻向栽培稻进化的过渡阶段。在土样中还检测到芦苇、竹子、芒草等水田常见的伴生杂草，这说明了当时栽培的粗糙。

与此同时，考古工作者还发现了马家浜文化时期原始水稻田遗存，包括水田、水沟、自流井、蓄水坑、灰坑等等。这些遗存构成了简单的农田灌溉系统。从出土的石器中不难看出，当时农业生产所使用的工具，是穿孔石斧、石凿、骨锥、陶网坠，而不是石犁、耘田器、石镰等较为先进的工具，这说明当时的先民已经从渔猎、采集为主的游民生活过渡到择地定居，农业经济逐步替代渔猎采集经济，并发展到以稻作经济为主，渔猎采集为副的阶段。

有关部门向联合国教科文组织报告了绰墩遗址的原始水稻田情况，引起了教科文组织官员的高度重视。绰墩遗址的原始水稻田，将作为国家科技部、农业部的"金钉子"工程，认真保护，深入研究，为世界水稻发展史提供极其重要的资料。

我不想探讨哪个遗址出土的原始水稻田更早。面对绵远深厚的文化积淀，任何功利心都是那么苍白。

江南稻作文化源远流长。在遥远的古史中，当尧帝站在一个山头上，与他的大臣们商议，要不要请鲧担当理水的重任时，他的面前呈现一片汪洋。汹涌而至的洪水，淹没了土地、房屋和丘陵，卷走了禽兽。人们被迫扶老携幼迁往高亢的山岭，采集树林里的野果充饥。尧帝皱着双眉，忧心忡忡地注视着这一切。在滔天的洪水前，人的力量显得何其单薄，何其软弱涣散。

鲧勇敢地接受了理水的使命。大难当前，我不入地狱，谁入地狱？然而，他千方百计地移山填土，试图用壅塞的办法，与洪水决斗，没想到洪水势不可当，好容易筑成的堤坝，顷刻间就被冲垮了。鲧只能无奈地接受失败的命运……

其实，在尧帝之前的很多年，今天长江中下游一代，便常常为海水所浸漫，早已是一片泽国。

地理学家们说，在新构造运动中，处在强烈的新构造振荡性下陷地区的江南古陆，大幅度下沉，地表不断为河流、湖泊和海洋的沉积物所覆盖。在距今200—距今300万年时，仍处在陆相沉积环境中。第四纪更新世以来，曾发生过三次严重海浸。最后一次海浸约距今16500—距今13000年，这使今天的太湖平原成了一片汪洋大海，直到全新世以后，才随着海退而逐步形成陆地。

岁月漫漫，在地球艰辛的转动中，长江南岸反曲砂嘴与钱塘江北岸砂嘴汇合包围，渐渐形成了一个巨大的四周高中间低的碟形洼地。又经过很长的时间，洼地脱离海湾环境而形成泻湖。此后，泻湖逐渐淤积，形成浅洼平原，湖群慢慢封淤，变成了沼泽。

这时，已到了新石器时代晚期。

禹继承父亲鲧的事业，站在了治水的前沿。他变壅塞为疏导，终于取得了成功。夏禹治水，凿江排涝，太湖流域始有"三江既入，震泽底定"的局面。震泽，是太湖的古名；三江，指的是太湖进入东海的三条主要泄水通道——吴淞江、娄江和东江。至今，三江仍然在不断拓浚中发挥着应有的作用。

但太湖水系始终在变化中。北宋后期水利学家郏亶、郏乔父子在《水利书》中记载，苏州一带除太湖外，还有昆承湖、阳澄湖、沙湖，却没有提及水域不小的淀山湖和澄湖。

公元8世纪以后，随着全球性冰后期海面的升高，和三江所处的太湖平原（江南古陆部分）的不断沉降，使河流的比降发生了较大的变化。三江之水的流速大大减慢，以致江水所挟持的泥沙常常在河道内沉积。在海潮汛期，原来宣泄太湖水入海的三江，反而变成了海水内浸的主要通道。正如郏亶所说："欲东导于海反西流，欲北导于江者反南下。"海水甚至一度逆吴淞江而上，倒灌至苏州城东一二十里。潮水所挟持的泥沙，大量地在河床内堆积，从而使娄江、东江相继淤塞。连"深广可敌千浦"的吴淞江，到宋代时也逐渐淤浅变狭，下游的宽度足足缩小至原来的十分之一！

太湖之水宣泄不畅，导致太湖流域常常内涝成灾。据史书记载，从北宋大观元年（1107年）至南宋乾道六年（1170年），六十三年间共发生了七次大的水灾。特别是南宋隆兴二年（1164年）发生的那一次，洪水之大，冲击力之猛，波及范围之广，是有史以来罕见的。水灾殃及镇江、建康、宁国府、广德、寿春和湖庐等广大地区。

从太湖流域古文化遗址出土的大量石器、陶器、玉器、动物遗骸、植物碳化种子以及汉代、宋代的水井等文物，我们不难想像，从新石器时代晚期至春秋战国时期，又至汉宋时期，这一带洪涝灾害频繁发生，部分陆地下沉为湖，又经历了升而复降的几个阶段，终于由草甸土壤环境，演变为水乡泽国。

这便是江南水乡形成的过程。水成为江南泽国的灵魂。它使广袤无垠的大地海涵春育，生机盎然，杂花生树，群莺乱飞。

当海水渐渐退去，地表不断露出，形成了局部封闭洼地。六七千年前，我们的先民就开始在地势比较高的区域垦荒种植水稻。显然，适宜生长在潮湿洼地甚至是沼泽之中的水稻，最初是野生的。先民们发现了它顽强的生命力和喜水的生存特点，开始在水边的土地上垦荒，将它人工种植。他们用的是火耕水耨的方法，先是把生长得很茂盛的荒草杂树烧掉，以石犁石刀为工具，耕翻土地。灌溉则是依靠自流井或天然池塘。耕作的土地用过一年后，会将它撂荒，休而不耕，以此恢复地力。

《礼记·月令》篇中，有"烧薙行水，利以杂草，如以热汤，可以粪田畴，可以美土强"的句子。它所描述的正是人们"火耕水耨"——在放火烧荒之后，引水灌田的情况。大禹治水时，"尽力乎沟洫"，说明我们的先人已经从水流的规律中得到启发，发明并掌握拉沟渠的灌溉技术。《诗经》中有"彪池北流，浸彼稻田"的句子，意味着那时已经有了人工开挖的水塘，为稻田提供水源。原始的水利灌溉系统，已经达到了一定的水平。

稻作文化，说到底是水文化。水稻的人工种植，大大加快了江南水乡史前文明的萌发过程。

从大禹凿江排涝开始，人们就不断地与洪涝灾害进行不倦的斗争。到了唐宋时代，人们对水利建设有所重视，千方百计疏浚河道，筑堤围田，减轻洪涝水患。明清时代，兴修水利，抬高田身，更是为统治者们所看重。"凡圩岸皆如长堤，植榆柳成行，望之如画"，"江南三月草长，则刈以踏稻田，岁岁如此，地力常盛"。古籍中常常可以看到这样的词句。这清楚地说明，我们的先人早就懂得如何通过治水降潜，因土种植，合理轮作，增施肥料等措施，调节土壤中水、肥、气、热的动态派平衡，以保持农业生态系统的平衡。

江南水乡今天仍盛行的稻麦轮作制，其实是在漫长的历史进程中，经过治水改土，逐步形成的。从野生水稻到人工种植水稻，先民们探索了上千年。圩田的建设和水稻一熟制的方式，从汉代开始，经过六朝，到了唐代才逐步形成。而稻麦二熟制起始于唐代中叶，随着水利建设的发展，引种了三麦，直到宋代才得以稳固。此后，又经历了上千年的探索和发展……

如果说，稻作文化是长江中下游地区和太湖流域文明的主体，那么，水无疑是稻作文化的灵魂。水曾经肆虐横行、咆哮奔涌，给大地带来了灾难。但聪慧而又勇敢的人们亲近了水、理解了水、驾驭了水，终于让江南水乡变得花团锦簇，姹紫嫣红。

亚里士多德说过："没有食物，谁也无法生存。食物的不同，决定了各自生活方式的不同。"水稻不仅比随时可以采摘的芋、薯、香蕉之类营养丰富，它的播种、耕耘、收获，必须严格遵循自然规律。耕作者必须细心观察季节、气候、日、月、星辰等的自然现象，根据变化来确定自己的农时。天文、历法、算术、符号和文字之类，由此渐渐产生。江南稻作地区的人们，温厚而不失精干，坦诚而不失机敏，柔韧而不失坚毅。从他们的谈吐和思维方式、服饰和走路姿势、风俗和生活习惯，都可以明白地看出，水稻对于人们的精神影响是无形的，却又是深刻的。没有哪种植物凝聚了人们如此多的心血，也没有哪种植物与人如此生死攸关。

江南文化，就这么演化而成……

从太师淀看南宋财政危机

古镇周庄的北边有一片浩瀚湖面,名叫太师淀。关于这个名字,地方志上的记载并不一致。清代章腾龙《贞丰拟乘》说:"急水港过北里许为太师田,周围数里。相传为贾似道田庄。今湮为河(湖)。前年水涸,内有古井数口,想亦人烟稠密之处。"清代陶煦的《周庄镇志》成书比《贞丰拟乘》晚一百余年,关于这片湖面的文字基本照抄,湖名却变成了"太史田"。

20世纪70年代,在"农业学大寨"的岁月中,周庄实施太师淀围垦工程,在湖的东北角,从任家湾到杨家潭沿岸1公里湖滩上,发现了三处新石器时代遗址,出土了一批文物,包括木井圈和诸多石器、陶器。其中一件飞禽纹黑陶贯耳壶被评为国家一级文物。同时也出土了许多宋代或宋代以前的文物。但此后的文物一件也没有。这证明地方史料中关于太师淀形成的记载是准确的。

相传夏禹治水,凿江排涝,水患不断的太湖流域终于实现了"三江既入,震泽底定"的局面。震泽即今天的太湖,三江——吴淞江、娄江、东江始终是太湖

今日太师淀

的主要泻水通道。在公元8世纪以后，随着全球性冰后期海面的升高，和三江所处的太湖平原（江南古陆部分）的不断沉降，使河流比降发生了改变，三江之水的流速大大减慢，江水所挟带的泥沙经常在河道内沉积。当东海潮汛时，三江的作用发生了根本的改变，竟成为海水内侵的通道，太湖流域经常内涝成灾。当时由于辽、金和宋朝连年征战，兵荒马乱，宋徽宗又重用朱勔，建立应奉局，大搞花石纲，江南的老百姓穷于应付，无论是官府还是民间，都没有财力和精力疏浚太湖水系。恰恰在这时候，宜兴商人为了将山区的竹木直接通过太湖运往浙江，拆毁了阻拦荆溪之水进入太湖的五堰。朝廷为了调运江南的大米进入京城，贯通挽舟之路，修筑吴江大堤，也堵住了太湖水入海的通道。种种不合理的做法，终于加剧了太湖的水患。位于吴淞江、娄江、东江的分流处的澄湖，完全可能是那时候被洪水冲击、淹没而形成的。太师田，当年的一片肥沃粮田，也差不多在它的同时变成了太师淀。

那么，究竟是太师淀，还是太史甸呢？

章腾龙在《贞丰拟乘》中谈到它"相传为贾似道田庄"，这不能不引起人们的兴趣。贾似道是南宋的奸臣，"少落魄，为游博，不事操行"，靠着姐姐贾妃宠信于宋理宗，以裙带关系进入朝廷。尽管整天在西湖边醉死梦生、寻欢作乐，却连续不断地升官。三十多岁的时候，已经当上了参知政事、知枢密院事（管理军事的首脑），掌握了朝廷的军政大权。宋理宗死后，宋度宗即位，这个无能的小皇帝每逢贾似道上朝时，都要毕恭毕敬地回拜，尊称他为"师臣"。但是贾似道并不以此为满足。当理宗的坟墓刚刚修好，他就宣布回老家台州去了。临行前让亲信制造谣言，说蒙古军正在急攻下沱，形势十分危急。吓得宋度宗连忙下诏书请他回朝执政，还拜他为太师，封为魏国公。

顺便说一句，1961年8月20日，北方昆曲剧院新编传统戏《李慧娘》在北京公演，受到了社会广泛好评。这个戏叙述南宋奸相贾似道游西湖，姬妾李慧娘见书生裴禹英俊，不禁脱口称赞。贾似道不露声色，回府后却杀死李慧娘，又将裴禹骗入相府囚禁。李慧娘鬼魂与裴禹幽会，贾似道遣家将刺杀裴禹，李慧娘救裴禹出府，并与贾似道当堂辩论。剧本描写裴禹对南宋腐败朝政的抨击和李慧娘对奸贼贾似道的反抗斗争，突出了李慧娘的正义感。

贾似道被拜为太师，太师所拥有的田地，叫做太师田，以后湮没成湖，又叫做太师淀，就顺理成章了。可是仍有一个疑问没有解决：贾似道老家在台州，做官在临安（今杭州），为什么周庄也会有他的田地？太师田究竟属于什么性质的田呢？

黄仁宇先生在他的《赫逊河畔谈中国历史》一书中，提到了贾似道和他的买田行为。理宗在位的南宋景定四年（1263年），贾似道在平江府（今苏州）、江阴府、安吉州、嘉兴府、常州和镇江府六地，推行了他的买田方案。按照官员的品级，由官府收购其超过限额的土地。计划收购1000万亩土地，并租赁给佃户，收获的粮食直接供应军队。这样可以省略官府"和籴"（一种低买高售的粮食储备政策）的过程，每年增加"六七百万之入，其余军饷沛然有余"。

据宋·周密《齐人野语》记载：当时贾似道提出的口号是"富国强兵，限制土地兼并，平准物价"。具体措施是，回购土地的数量，为每户两百亩之外的三分之一，也就是说，假如一户人家有800亩土地的应该卖给官府200亩，有1400亩的要卖给官府400亩。官府的支付根据一个复杂的公式计算，既有少量纸币，也有金银僧道度牒，以及告身——一种表明荣誉头衔的文凭。贾似道是一个很有政治头脑和经济头脑的人，为了使这个方案顺利实施，他拿出了自己家里的一万亩土地，作为卖田的榜样。于是他的这个宏大计划得以迅速推广。

贾似道买田的目的，说到底，是为了解决当时严重的通货膨胀和财政危机问题。南宋初年一石米价值3缗，100年以后却上涨到了340缗、700缗乃至1000缗，货币贬值已经达到三百倍。在当时市场狭小、交通不便的条件下，这对于整个社会是一个十分严重的威胁。然而朝廷对此却束手无策。贾似道认为，买田可以免除以后的造楮（即楮树皮制成的纸币）与和籴，预计可以解决当时的财政问题。其实他的所谓买田，是他惯用的粉饰太平的伎俩之一，等于没收一部分富人的资产去充当军费开支，以挽救面临灭亡的南宋残局。

买到了许多官田以后，官府负责管理，收取田租。可是由于战乱和官僚机构的无能，分布区域很大的官田难以管好。何况这种做法触犯了众怒，中等以上的门户甚至包括在野人士都对贾似道恨之入骨。何况，回购土地的价格，是官府一口价，地主根本没有讨价还价的权利。允许保留的额度为200亩，许多"能员干吏"往往积极过度，以致"虽百亩之家亦不免焉"。当时的一些官僚，包括中书刘震、京伊魏克愚在西湖边"倡和词语，偶犯时忌，（贾似道）则随命劾去之"。无疑，抵制与反抵制的斗争是十分激烈的。贾似道刚一倒台，许多人已经向朝廷提出了归还原主的要求。也有人提议，将官田赏赐给佃农而向他们征兵。

这些官田终究没有退还给原主。一直到了100多年后的明朝，仍然得不到合理的处置，以致成为日后苏（州）松（江）地区的官田与重赋问题。顾炎武在他的《日知录》中，有如是记载："贾似道买民田以为公田，益粮一十五万八千二百余石，量加圆斛……"他在列举了从宋代至明代愈演愈烈的赋税后，又说："愚历观往今，自有田税以来，未有若是之重者也！以农夫蚕妇冻而织、馁而耕，供税不足，则卖儿鬻女；又不足，然后不得已而逃，以至田地荒芜，钱粮年年拖欠。"

接着，顾炎武又写出了官田重税的沉重负担，最终还是转嫁到了农民身上的惨重史实。他跳出自身的局限，初步提出了解决问题的方法——用今天的话来说，就是土地私有的深化和合法化。

至此，我们大致弄清了太师淀的来历。它原来是南宋景定年间官府买下的官田，因为是贾似道出的主意，加上他贪婪成性，盘食有道，人们就干脆把它称作贾氏自己的庄田了。

不过，客观地说，贾似道的这次理财变革尝试，在短时间内是产生了一定成效的。国库的财政危机得到了缓解，并为宋抵御蒙古的入侵筹集了财力和物力，使南宋政权在面临很多不利情况时，仍能维持十余年。

一江罡风

朱厚熜，中国封建史上最独特的皇帝，1521—1566年在位，年号嘉靖。他二十多年避居西苑，练道修玄，却始终掌控着整个明王朝的政治、财经、军事和民生大权。嘉靖年间，商业和手工业作坊经济十分发达，市井文化空前繁荣，但是社会矛盾异常尖锐。以严嵩为代表的奸臣，以海瑞为典范的忠臣，恰恰也出现在这个时代。

朱厚熜究竟是一个绝顶聪明的皇帝，还是一个绝顶窝囊的皇帝？嘉靖中兴，还是"明之亡于嘉靖"？历来众说纷纭。这些，暂且留给史学家们去研究。

嘉靖年间，江南商品经济的发展，与欧洲资本主义的扩张开始碰撞，促进了从16世纪开始繁荣的中国海外贸易。虽然朝廷不时采取海禁政策，但是民间的出海通番活动从未停止。沈万三、顾阿瑛走出昆山，成为江南最负盛名的富豪。有专家说，嘉靖年间是江南地区早期工业化进程的始端，经济成长方式开始发生重大变化。顾炎武在《日知录》中曾记载："至嘉靖，所铸之钱最为精工。"嘉靖年间不仅精铸钱币，还出现了银币。显然，这是为了体现官府的信用度，促进经济流通与社会稳定。许多得益于大运河、吴淞江、娄江、东江等水上交通干线的城市，迅速繁盛起来。昆山就是其中的一座。

据嘉靖《昆山县志》等资料分析，嘉靖初年，昆山的人口为14.5万人，约占全国总人口6080万的万分之二强（这个数字不包括弘治十年因新设太仓而分去的75670人）。全县有田地12149顷，夏秋两熟的税赋若按苏州七县一州平均值计算，约占全国的1%。明嘉靖十九年(1540年)，先贤归有光在文章中说："东南之民，始出力以给天下之用"，昆山无疑是东南财赋之地的佼佼者。

然而昆山不止是经济繁荣，更有政治与文化影响力。在嘉靖执政的将近半个世纪中，昆山值得称道的至少有两件大事。一是毛澄、朱希周、顾鼎臣三位昆山籍状元，先后在朝廷辅佐嘉靖皇帝，掣肘他的决策；二是魏良辅、梁辰鱼和他们的同道，改良昆山腔使之日臻完美。否则人类会缺少了一份珍贵的非物质遗产。

清康熙年间，翰林院的一班文人聚集在一起，夸赞自己家乡的名特产品。一位苏州籍的翰林等别人都说完了，才慢吞吞地说，鱼米之乡苏州，也有土特产，不过只有两样而已。在翰林们的催促下，他才说，一样是梨园子弟，一样是状元。他的回答让翰林们目瞪口呆。

梨园子弟和状元，果真是苏州府昆山县的土特产。我们不妨来看看这个事实：毛澄，明孝宗弘治六年（1493年）癸丑科状元。三年后，朱希周考中明弘治九年（1496年）丙辰科状元。又九年后，顾鼎臣成为明弘治十八年（1505年）乙丑科状元。也就是说，全国选拔官员的最高等级考试每三年一届，昆山接二连三地有人大魁天下，令人刮目相看。古人常常以"昆山玉"来比喻杰出的人才，玉出昆冈，当之无愧。

这三位状元，除了年长的毛澄卒于嘉靖二年（1523年），顾鼎臣卒于嘉靖十九年，朱希周卒于嘉靖三十六年。只要翻阅嘉靖一朝的史册，便可见他们的名字赫然在目。

毛澄，先后被赐封为太子府长官、翰林院学士、礼部侍郎等。正德十二年晋升为礼部尚书。明武宗（正德皇帝）不喜欢做皇帝，经常微服出巡，游山玩水。毛澄经常直言进谏："天下人只知道陛下叫皇帝，陛下却自称威武大将军、太师、镇国公。臣不知道这有什么意义？"正德十六年，武宗去世。他没有儿子，也没有亲兄弟，只好在家族中排选继承人。毛澄与主辅杨廷和等内阁大臣负责挑选，经皇太后恩准，准备拥立兴献王的儿子朱厚熜继位。毛澄力排众议，坚持按照宗法制度，用皇储之礼参见朱厚熜。

世宗皇帝朱厚熜继位第六天，就下了一道圣旨，要礼部议决他生身父亲的地位和称呼。毛澄接到圣旨后，急忙召集文武大臣讨论，并上奏说："陛下继承武宗做皇帝，应该称呼孝宗为父皇，改称亲生父亲为皇叔父兴献大王，改称亲生母亲为皇叔母兴献王妃。这样，正统、私情、大礼、私恩都考虑到了，可以作为千秋万代的楷模。"明世宗看了奏本，很不满意，下令复议。毛澄又召集会议，议决上奏。明世宗不听他的劝谏，仍下令复议。毛澄又与内阁大臣讨论，再次上书，希望世宗皇帝遵循先王制定的礼仪。但明世宗执意要给自己的生身父母以最高地位和荣誉，哪里听得进去毛澄他们的劝谏。上上下下几经反复，君臣争执终于公开化了。这就是著名的"大礼议"之争。

第二年，明世宗改年号为嘉靖元年，着手整顿内政。他不忍心一棒子打垮三朝元老，便采取分化规劝的办法，委派太监来拜访毛澄，先是跪地磕头，接着又拿出一袋黄金行贿。但这一切却无法改变毛澄的想法。嘉靖二年，毛澄知道大势已去，请求告老还乡。明世宗挽留再三，还是答应了。毛澄拖着病体回乡，在路途中与世长辞，享年六十三岁。

毛澄为人正直，很有品行和学问，处事不屈不挠，执拗地捍卫封建礼仪。对于他的逝世，明世宗深表哀悼和惋惜，追赠为少傅。

朱希周，出身于书香门弟。自幼发愤读书，不喜夸饰，惟求务实。 明弘治九年三月十五日，朱希周一举夺魁，被明孝宗擢为第一甲第一名。朱希周与众不同，夺魁后，脸上无喜色，仍然像从前一样，恭谨镇静。荣归故里，也不像别的状元回乡那样四处夸耀，在离家很远的地方他就下车步行。

嘉靖皇帝朱厚熜君临天下时，几经沉浮的朱希周出任礼部右侍郎。他与毛澄一样，不由自主地卷入了"大礼议"之争。当时，大臣们分成了两派，大多数人恪守封建礼仪，反对给嘉靖皇帝生身父母以最高地位和荣誉。恰逢礼部尚书因事外出，礼部左侍郎又远在安陆，朱希周掌理礼部事务。群臣见明世宗不听劝谏，相约至左顺门跪伏示威。惟独内阁大臣没有行动，朱希周前去对内阁大臣们说："群臣伏阙，诸位岂能坐视？"在他的鼓动下，内阁大臣们也参加了跪伏示威的行列。明世宗闻讯后恼羞成怒，诏令逮捕八个领头跪伏的。朱希周待罪，听候处分。第二天，明世宗正式册封生母蒋氏为章圣皇太后。朱希周等几个尚书、侍郎竟拒不出席册封典礼。明世宗大怒，降旨切责。朱希周见册封已成事实，便上疏认罪。但他这样做，不是为了保全自己的禄位，而是要解救押在监狱的官员。第二年，朱希周出任有职无权的南京吏部尚书。在任上，又遭到礼部右侍郎桂萼的无端弹劾。朱希周终以有病为由，请求辞官回乡。

回乡后，朱希周衣着如乡村野叟，每天读书苦学。乡里后生敬畏他的名声，想做一件不太光彩的事，便说："真害怕让玉峰先生知道了。" 在此期间，公卿大臣多次荐举他复出，他皆不以为意，直到八十四岁逝世。朝廷追赠太子太保，谥"恭靖"。

顾鼎臣在明弘治十八年"金殿对策"时，对"正心"，即人如何修养提高精神境界，发表了自己的见解。"何谓'正心'？致知以明此心，诚意以实此心。声色货利之欲，此心之鸩毒，则远之；车马宫室之乐，此心之斧斤，则禁之；谄谀邪佞足以移此心，则斥之；便嬖近奉足以挠此心，

顾鼎臣祠

则绝之"。其含义是，学习能使"心"明白，诚信能使"心"充实。靡靡之音、艳媚女色、财物权势之类的欲望，是危害"心"的毒酒，必须疏远；香车宝马、豪华宫室之类的享乐，是伤害"心"的利斧，必须禁止；谄言奸巧的人足以动摇"心"的根基，必须排斥；阿谀奉承的人会消融"心"的坚定，必须与之断绝往来。

顾鼎臣考中状元后，即进翰林院任修撰，掌修国史。至正德初年，再迁左谕德，这个职位相当于皇太子的德育老师。嘉靖皇帝登基后，喜好道教长生术，专门在内殿设斋醮。祭祀神仙需要祭文，用朱笔写在青藤纸上（即青词）。几个大臣都写不好，嘉靖很不满意。任礼部右侍郎兼经筵讲官的顾鼎臣，正为皇帝讲解历史与哲学，嘉靖便让他试试，顾鼎臣写下《步虚词》七章，嘉靖看了十分满意。明嘉靖十七年，顾鼎臣以礼部尚书兼文渊阁大学士入参机务，寻加少保、太子太傅，进武英殿，列为第三宰相。次年嘉靖出巡时，特命顾鼎臣留守京城辅佐小太子执政——这就是民间传说中所谓的"代皇三月"。嘉靖评价他"警悟疏通，不局偏长，器足任重"。

作为三朝元老，顾鼎臣在政治上似乎比毛澄和朱希周成熟、老练。他十分关心国家大事，针对江南重赋，上疏改革钱粮积弊，建议"履亩检踏丈量"，以减轻老百姓负担。明代中后期的一项重要国策"土地丈量"，就是由顾鼎臣首先提出来的。这对于保证国家财赋收入产生了重要的作用。

顾鼎臣晚年患病，即使在临终前，他还上书皇帝，对国防、财政、经济、水利、农业发展等战略性问题提出自己的思考意见："一、复盐法以备边计；二、兴两京、山东、河南水利，开稻田以省漕运；三、经理宣府、大同、蓟州、辽东、山西边备，以保障京师；四、复河套，经理甘肃，以保全陕；五、经理松、潘，以保全蜀。"嘉靖一朝，绝大多数官员与皇帝一道忙于"大礼议"之争，不尚实务，政局混乱，他这样做是难能可贵的。

《吴郡五百名贤传赞》称赞顾鼎臣"泽被东南，功存桑梓，救时良相，名炳青史"。可惜，他只当了短短两年宰相，就去世了，谥"文康"。今天，在玉峰山下仍然有纪念他的"顾文康公崇功专祠"。

抗倭，是明朝历史上的重大事件。明嘉靖中期，倭患日烈。倭寇所至，"掳掠男女，劫夺货财"。昆山"境内房屋十去八九，男妇十失四五"。正因为如此，昆山才修筑城墙。最初是明弘治四年知县杨子器在元代土城上建造城楼开始的。明嘉靖十八年，顾鼎臣奏请朝廷批准，将原来的土城改用砖石砌造，为支持昆山修筑城墙，他带头捐出了皇帝的一笔赐金。昆山老百姓纷纷出钱出力，"入木于土，累石于足，封砖于表"。嘉靖十九年城墙竣工（比上海修筑城墙早了十三年），周长2387丈，高2丈8尺，建有宾曦（东门）、迎薰（东南门）、朝阳（南门）、丽泽（小西门）、留晖（大西门）、拱辰（北门）六个水陆城门。同时在县衙前修筑了一条大街直通朝阳门，昆山城的商业网点开始慢慢地向南部转移。嘉靖三十三年（1554年），昆山军民抗击围城倭寇，历时45天，大小30余战，终于将入侵的倭寇赶出家园。直至民国十一年（1922年），经江苏省军、民两署批准，才拆卖废弛的旧城墙充作教育经费。

提起昆山文化，我们无法忽视一个倡导唐宋古文，影响中国文坛，被誉为"明文第一"的散文家——归有光。他的代表作《项脊轩志》、《寒花葬志》、《御倭议》、《三吴水利录》等等，都是在嘉靖年间完成的。嘉靖四十四年，归有光以六十岁高龄考取三甲进士，任浙江长兴县令。长兴地处湖山之间，民风彪悍，"盗贼公行，民间鸡犬不宁。自广德、宜兴往来客商，常被劫掠。告讦之风，浙省号称第一"。归有光以"惠爱"精神从政，花了不到一个月的时间，便将积压了数年的案件处理完毕，放出死囚三十余人。长兴深山中有几十个惯贼，经常四处流窜，打家劫舍。归有光亲自率领士卒前去捕捉，不顾被箭镞、石块击伤的危险，终于捕获贼首，最后将这伙惯贼一网打尽，长兴从此"湖中舟可夜行，乡间夜不鸣犬"。

归有光在长兴，与县丞、《西游记》作者吴承恩齐心协力，为百姓做了许多好事，成为文学史上的一段佳话。但他们终因得罪豪强权贵而遭受排挤打击。隆庆二年（1568年），归有光接到调令，被任命为河北顺德府通判。两年后，才调任南京太仆寺丞，留掌内阁制敕，修《世宗实录》，正想大干一番，却因罹病，卒于任上。

归有光的成长，在很多方面得益于老师魏校。魏校，弘治乙丑科二甲第九名进士，授南京刑部主事。嘉靖七年升太常寺少卿，转大理寺。他是明代著名的哲学家，著述宏富，有《周礼沿革传》、《周礼义疏》、《大学指归》、《奕世增光录》、《体仁说》、《魏庄渠粹言》、《巷牖录》、《庄渠诗稿全编》等。

最让昆山人引以为自豪的，毕竟是昆曲。

作为南戏声腔的一大流派，昆山腔在元末明初之际，便在昆山一带流行。嘉靖年间，寓居娄江之畔的豫章（今南昌）人魏良辅，与张野塘、谢林泉、梁辰鱼一起，对昆山腔进行了大胆改革，一是在演唱上，十分讲究平上去入、抑扬顿挫、启口轻圆、收音纯细；二是在旋律上，发挥其本身"流丽悠远"、"听之最足荡人"的特色，使之成为"转音若丝"的新声，所以被称为"水磨腔"。与此同时，魏良辅的学生、昆山人梁辰鱼，青出于蓝而胜于蓝，创作了用改革后的昆曲演唱的传奇《浣纱记》，把音乐革新成果与艺术实践相结合，使昆曲达到空前的艺术高度。

明嘉靖至万历年间居住在片玉坊的盲人文学家张大复，在他的《梅花草堂笔谈》中，记载了魏良辅、梁辰鱼等词曲家和优伶们在娄江畔切磋技艺，最终造就了"四方歌曲必宗吴门"的许多故事。

对中国戏曲的各个剧种无不产生深远影响的"百戏之祖"昆曲，在故土昆山完成昆山腔——昆曲——昆剧的过渡，至400多年前的嘉靖年间呈现一派姹紫嫣红的繁盛景象，并非偶然。这意味着昆山至少具备了四个方面的先决条件，一是这里长久以来是富庶繁荣的宜居之地，二是流传富豪们倡导的娱乐时尚，三是民间绵延有钱有闲的艺事传统，四是昆山人始终具有兼收并蓄的文化特质。经济

昆山城门旧影

发达、水土丰饶、民风富丽无疑是重要基础,但是没有音乐家、文学家、歌唱家在良好社会环境中的通力协作和革命性创造,昆山腔是不会成为昆曲的,更不可能成为"人类口述和非物质遗产"。

娄江,昆山的母亲河。出太湖,经苏州娄门,在昆山城区穿越而过,从浏河口浩浩荡荡汇入长江,夹带起一江罡风。当年,三保太监郑和下西洋之旅的船队,就是从这里拔锚起航的。昆曲的一支曲牌《一江风》,巧妙地与之耦合。它常常多人齐唱,以烘托大队人马行路的声势,用唢呐锣鼓配合。

嘉靖年间,昆山对于整个明王朝的影响力,也许恰恰可以用"一江风"作为形象标志。事实上,风生水起的昆山,从来就不是一个平平庸庸的县城。

昆山并未迁治小昆山

昆山县始置于南朝梁大同二年(公元536年),至今已有1500多年。它的辖区与古娄县的辖区相同,县治也在古娄城,即今玉山镇。然而,自从明代正德《松江府志》载:"昆山在华亭县西北三十里,梁置昆山在华亭昆山北。唐置华亭县,始移昆山县于马鞍山。"以后不少史志多沿用此说,以讹传讹,乃至今天的昆山人大都认为梁代昆山县治在小昆山(华亭昆山),即陆机、陆云兄弟读书的地方。150余年后的唐天宝十年,才移至马鞍山下。

难道果真如此吗?

这是一桩历史的错案,是一个不能不廓清的谜团。

先让我们来看看凌万顷《淳祐玉峰志》的记载:"县有山曰昆山,陆机宅于山之阴。县本因山得名。今山乃在华亭而陆机后又居嘉禾。按唐天宝间始立华亭

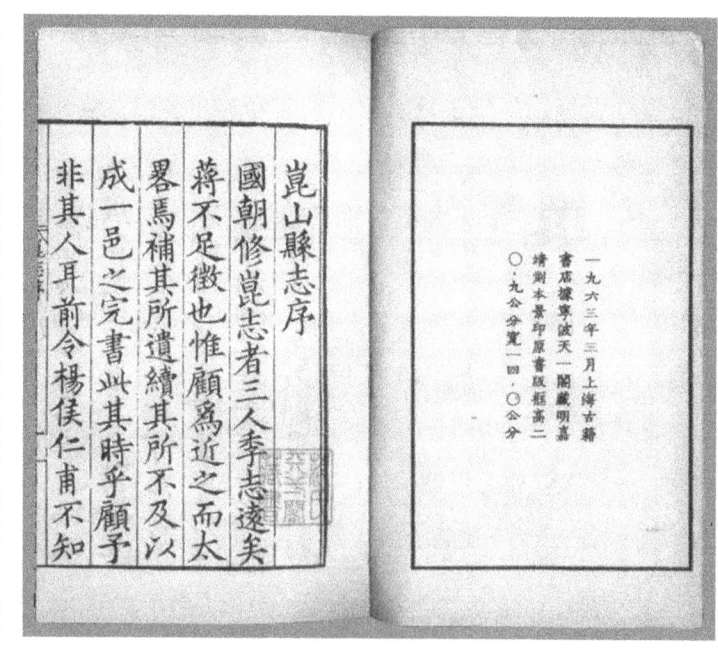

《昆山县志》书影

县，本昆山县地。《舆地记》：吴郡太守赵居贞奏割嘉兴海盐昆山三县地为华亭。《元和郡国志》：由是昆山有县之名，而山实在华亭。今隶境者乃马鞍山。故自娄县而分信义，自信义而分昆山，而自昆山而分华亭，至今犹号壮县，则昔之广袤尤可想见。"

元代《昆山志》、明代弘治《昆山县志》取同样的说法。

这一段文字叙述得很清楚，昆山县内是有一座"昆山"的，在原本属昆山，唐天宝年间设立的华亭县。县治则在马鞍山。昆山县名来历的一种说法，是与晋代文化名人陆机、陆云兄弟有关。

据嘉靖《昆山县志》载：昆山"高一百七十丈，周围七里，初名天马山。《舆地广记》陆氏之先葬地，而机云(陆机、陆云)出焉，人以玉出昆冈比之，故易名昆山"。对于初名天马山的昆山，《绍熙云间志》也有比较详细的说明："昆山在(华亭)县西北三十三里。高一百五十丈，周回八里。"陆机有诗云："仿佛谷水阳，婉娈昆山阴"，注引陆道瞻《圣地记》曰：海盐"东北二百里有昆山，陆氏父祖葬焉"，不仅仅陆机的诗中出现昆山的名字，当时文人潘尼赠陆机的诗中也这样写道："昆山何有？有瑶有珉，穆穆伊人，南国之纪。"陆机、陆云在钟灵毓秀的山川原野养育下，成为一代文豪，被人比作美玉(瑶、珉)，而原来的娄县，也以贤者易称昆山，真可谓相得益彰。

从上述所引资料不难看出，"初名天马山"、"在（华亭）县西北三十三里"、"海盐东北二百里"的昆山，并不是今天昆山城所在的位置，而是指今松江的小昆山，当年陆机、陆云读书的地方。它又名"阳山"。有人认为昆山县治曾设在那儿。

然而，我们至少可拿出三条理由证明，昆山并未迁治小昆山。

一、前人对小昆山的评价

明代文学家、史学家，"后七子"领袖之一王世贞说："昆山为吴属邑，中有山岿然，以是得名焉。故老曰：'此马鞍山也。去华亭之西四十八里乃真为昆山。今以昆山为邑，故辱之曰小昆山，是故娄侯陆逊之孙机、云所读书处也。'然其实不能当马鞍山之半。又以地偏而水迂，不为使辀游桨所便习焉。"（转引自嘉庆《松江府志·山川志·昆山》）正是因为县治在马鞍山下，"不能当马鞍山之半"的阳山，才被称作"小昆山"。为了不至于混淆，昆山人、《中吴纪闻》的作者龚明之则称马鞍山为北昆山。

在很大程度上，由于阳山、马鞍山都被称作昆山，各有命名的理由，且载入有关文献，究竟哪儿才是昆山的治所，就容易混淆了。

二、地理、交通和山体分析

小昆山一带，既无城池遗址，也无古老建筑。前几年，在小昆山以北的广富林遗址考古发掘中，发现了大量良渚文化、广富林文化、周代和宋元时期的遗存。根据出土文物推测，东周至两汉时期，这里有规模较大的聚落或城邑，以后逐渐衰弱。这些，显然与"梁置昆山在华亭昆山北"并不契合。

小昆山处于湖泖地区，历来风浪险恶，交通不便。即使到了明代，从苏州至松江仍必须绕道吴淞江至唐行镇，再至松江。如果从马鞍山走娄江至浏河口，绕道大黄浦抵达松江，路途更加艰辛。我们的前人为什么舍近求远，以如此"地偏而水迂"的交通条件设立昆山县治？

小昆山的山体构成为火成岩，石质粗劣，颜色褐黄，无形态可言。而马鞍山（玉峰山）出产的昆石，雪白晶莹，窍孔遍布，玲珑剔透，坚硬如玉，才足可以"玉出昆冈"相比拟。

三、徐乾学的佐证

嘉庆《大清一统志》记载：昆山"在苏州东七十里，梁置，并未言迁治。盖今华亭、娄县及青浦之境，本皆昆山地，故遥取以为名耳"。这段话也非常明晰。参加主编《大清一统志》的徐乾学是昆山人，他认为昆山县治在马鞍山下，并未迁移，却遥取了华亭昆山的名字，表达得丝毫也不含糊。这是比较可信的。从古娄县到南宋嘉定年间，前后约有1500年，吴淞江沿岸为娄县(昆山县)管辖。这包括了今天上海的大部分地区。华亭昆山，即今天的松江小昆山，也在其中。清《康熙昆山县志稿》说："山以昆名，比之昆冈玉出，而县名从之。昆邑人文，自当以二陆为开先也。"陆机、陆云的影响力太大了，给人文历史增添了厚重的一笔。真正的昆山，其实是堪称神州大地支柱的昆仑山，人们历来以"玉出昆冈"来形容。昆山人借用了这个名字，也从未辜负这个名字。从二陆开始，始终人才辈出，人文荟萃，佳作纷呈，冠盖江南。

由于世事纷繁，年代久远，史料中的矛盾与混乱并不罕见。而事实上，不只是昆山与小昆山被误解，古娄县的治所娄城，也曾被误解为嘉定的疁城和其他地方。

古娄县的治所娄城，即梁代昆山县的行政中心究竟在哪里？历来有不同说法。归有光《娄曲新居记》说：娄江，"古娄门外马亭溪是也。溪上复城，越王徐复君之所治，因之为娄县"。李吉甫的《元和郡县志》则说"娄城，吴子寿梦所筑"，以防备越国和长江北岸淮夷入侵。娄城当在娄江下游近出海口处。《中吴纪闻》、《吴郡志》等几部著作记载："《古图经》云：'在县东三百步，今谓之东城是也。'近岁耕者于荐严寺田中得城砖甚多，及箭镞以铜为之，识者疑其为春秋时物"。"娄县在昆山东北三里，一村落也"。首先要肯定，娄城是在昆山，而不是有些史书上说的"去县八十里"。在方位上，有人说东城在县东三百步（今集街一带），有寿梦所筑的土城。但是《淳祐玉峰志》的记载很清楚："今县东北三里，有村曰娄县，盖古县治也。"娄县村，也作娄下村，今同心村一带。那里曾建有娄侯庙，以祭祀三国时封娄侯的陆逊（陆机、陆云的祖父）和张昭，元代时重修，并建有娄侯坊。那儿是南朝梁改娄县为昆山县的行政中心，命名为娄苑路，是有依据的。

玉峰山

唐开元天宝年间，随着人口的增长和经济的繁荣，统治者为了加强行政管理，必须考虑州郡县的增设与城镇的拓展。华亭县正是在这样的情况下设置的，昆山县的县治则从东城向西南迁移至马鞍山下（即今亭林路、前进路交界处的玉山广场）。因为马鞍山下是新迁的治所，后人就凭主观想像，误以为旧治所是在华亭昆山了。

本文在写作中，参考了杨其民先生的大作《古娄县考略》（载《上海史研究》，学林出版社），谨致谢忱！

寻 踪

元明时期昆山的文化交流

一

元代至正年间的一天，一位名叫张猩猩的胡人，从遥远的中亚细亚，穿越兵荒马乱的北方，风尘仆仆赶到位于阳澄湖畔的"玉山草堂"，赴文人之约。张猩猩是有名的音乐家，嗜酒复嗜音，能"作南北弄"，胡琴演奏技艺尤其绝妙。诗人杨维桢曾为他写下如此赞美的句子："春云小宫鹦鹉吟，猩猩帐底轧胡琴。一双银丝紫龙口，泻下骊珠三百斗。"（《张猩猩胡琴引》）

这是元明时期昆山文化交流的典型一例。

文化的特殊性和个性，决定了文化交流的必要。无论文学艺术的哪个门类，在发展过程中，都不能不经历相互交流、碰撞、选择、吸收、创新的过程。

让我们回眸六百多年前的情景。玉山草堂主人顾阿瑛，在阳澄湖畔精心修筑了二十六处楼堂馆所，"饩馆声妓之盛，甲于天下"。他继承家业，又擅长经营，出海通番赚了钱以后，不当守财奴，也不想摆阔，而是热衷于诗文歌舞。在他的私家艺术中心里，设下四时不散的酒宴，清水大闸蟹尤其名闻遐迩，更蓄养了一班女乐声伎逢迎助兴，吸引风流倜傥的才子们纷至沓来，参与昆山腔主题派对，日夜沉醉其间。

《元诗选》中，有会稽外史于立（字彦成，号虚白子）的一首《钓月轩以旧雨不来今雨来分韵得雨字》。诗中曰："清新故人忽见过，契阔有怀何足数。西夏郎官好词翰，中州美人妙歌舞……"钓月轩，正是玉山草堂的一处景观。从诗句不难看出，客人中有西夏郎官，也有中州美人；有"旧雨"，也有"今雨"，他们在这片世外桃源狂饮、狂歌、狂欢，真个是有声有色。假如谁狂歌清啸，不能成章，要被罚酒三大杯，喝不下去时，只好拔脚就逃。

中国的文化人，永远也离不开琴棋书画。他们不喜欢正襟危坐的会议，而是推崇在山水间的放浪形骸。当然还有酒。诗酒酬酢，觥筹交错是一种常见的生活方式。

元顺帝至正年间，是元代趋向衰亡的年代。卖官鬻爵，贿赂公行，税收加重，纸币滥发，加剧了各种社会矛盾的激化。白莲教、红巾军终于誓告天地，揭竿而起。与动荡不安的北方相比，江南水乡的生活却是富庶、安逸、宁静的，飘散着书香酒香脂粉香，让人忘却忧愁。尤其在紧邻苏州的昆山，太湖东流入海的三条主要通道——娄江、吴淞江和东江在境内通过，交通十分发达。这里不仅是物产丰盛的鱼米之乡，更是钟灵毓秀的人文之薮，人们历来以"玉出昆冈"相比拟。随着工商业经济的发展，市民阶层对精神生活的要求日益提高，娱乐活动迅速繁盛，涌现出以顾坚、黄番绰、顾阿瑛以及后来的魏良辅、梁辰鱼、郑若庸、张大复、陶九官等音乐家、作家和艺人。当然还有王履、夏昶等一大批画家。

正是他们，使昆山成为元明时期不可忽视的江南文化中心。

二

唐宋以来，有众多文人墨客为昆山玉峰山留下了诗文。我们可以列举孟郊、张祜、王安石、曾几、陆游、刘过、范周等一连串名字，清代，不仅龚自珍离开京城，在玉峰山下的羽琌山馆整理他的《己亥杂诗》，连康熙皇帝玄烨也"染翰留题文笔峰"。

然而，昆山文化交流最值得一提的，还是元明时期。

元末诗坛的领袖人物杨维桢，在诗、文、戏曲方面都颇有建树，历来对他评价很高。他是玉山草堂的座上客。从田洪先生所编的《顾阿瑛交游系年》可以看出，仅元至正八年（1348年），他们就至少有四次聚会。六月二十四日，杨维桢至昆山，偕高智、于立、袁华、陆仁、张师贤集于顾阿瑛"浣华馆"相与倡和。也正是这一年的七月，顾阿瑛开始大兴土木，筑山穿池，修建园林亭馆，构筑

"玉山佳处"。

高则诚,浙江瑞安县人,曾任处州录事、浙东闻幕都事、绍兴府判官、庆元路推官、江南行省台掾等。但他为人狷介耿直,"数忤权贵",仕途生涯很不如意。在辞官退隐的状态下,埋头撰写《琵琶记》。《琵琶记》一问世,顿时蜚声剧坛。连明太祖朱元璋也称赞:"四书五经,布帛菽粟也,家家皆有,高明《琵琶记》,如山珍海错,贵富家不可无。"顾阿瑛对高则诚很推崇。在他的《玉山草堂雅集》第八卷评价高则诚:"长于硕学,为时名流,往来于草堂,具鸡黍谈笑,贞素相与淡如也。"

柯九思,自幼便聪颖绝伦,有神童之称。长大后更是名

玉山雅集图

冠艺坛，被誉为奇才。顾阿瑛在二十七岁时结识了柯九思。三年后的春日，顾阿瑛邀柯九思游玉峰山，柯九思拜石题名，随后又参加了玉山草堂雅集。这里歌啭娇莺，舞飞轻燕，女艺人南枝秀、天香秀、小琼花的演唱，博得了阵阵喝彩。客座上，有风雅画家倪云林、王蒙和倪元镇。自称"杨铁笛"的诗人杨维桢醉吹玉笛。在顾家的诗酒之宴上，文人雅士云集，宾客们都希望柯九思能编写新戏，由昆山千灯人顾坚设计新腔。于是，柯九思的《荆钗记》应运而生。

顾阿瑛有一首诗，描绘了玉山草堂高朋满座的盛况：

莫辨黄钟瓦釜声，且携斗酒听春莺。
河西金盏翻新谱，汉语夸音唱满城。

在俗话中，北夸与南蛮相对应。作为一个生活在元末明初的昆山人，顾阿瑛认为的夸音显然是北方话。"汉语夸音唱满城"这一句，是指歌妓们在演唱时使用了含有北方语音的南方官话，即昆山——中州音，一个个莺声呖呖，细腻柔美。河西、金盏，则是指她们所唱的北曲曲牌，从阳澄湖畔一直传向玉峰山下的昆山城。

我不由联想起奔向现代化的今天的昆山。到处可见操着南腔北调甚至是英语、日语、西班牙语的人们，哪怕是本地人，相互之间也已习惯讲普通话。作为一座移民城市，兼收并蓄的文化，必然会构成活力无穷的生命形态。

事实上，元明时期游历到昆山的，还有彪炳史册的剧作家汤显祖。翻开《昆新两县续修合志》，可见卷十三中这样记载："太史第。太仆寺卿徐应聘所居，在片玉坊，有拂石轩。注：应聘与汤显祖同万历癸未科，显祖客拂石轩中作《牡丹亭》传奇。国朝张潜之诗：梦影双描倩女魂，撒将红豆种情根。争传玉茗填词地，幻出三生拂石轩。"明万历十一年（1583年）癸未科，江西临川汤显祖为第三甲第二百一十一名，直隶昆山徐应聘为第三甲第二百一十二名，两个人名次靠近，仕途也有相似的坎坷，徐应聘于万历二十一年（1593年）弃官回籍，汤显祖则在万历二十六年（1598年）离京还乡。显然由于志同道合，又对戏曲有相同爱好，汤显祖离京还乡后，来到昆曲发源地昆山，居住在徐应聘的家中。《牡丹亭》正是在地处兴贤里片玉坊（今天的南街）的拂石轩内完成的。

文学家张大复在他的《梅花草堂笔谈》中，详细记载了昆山曲家与汤显祖一起会歌听曲，并且向之讨教的情景："予于歌无所入，但征声耳。然听《还魂传》，惟恐其义之不晳；听《西厢》、《拜月》，则按节了然。岂初盛盛初之说乎？汤先生自言，此案头之书，非房中之曲。而学语者，辄有当行未当行之解，此真可笑也。诸君会歌于元越西第，酒醒后，耳中犹自作响……"

人们会歌听曲的"元越西第"是谁家的邸宅，尚待考证。但这样高水准的文化交流，今天想来，仍令人神往。

三

元初，统治者一度停废科举，汉族读书人难以"货与帝王家"，在彷徨、惆怅、苦闷之余，将精神寄托在山林湖海、诗文书画中。很多人南来北往，交流切磋，倾注才华于艺术创作，自由地挥洒笔墨，成就了文化的繁荣。这样的风气绵延到了明代。

山水画家的游历往往是最广的。自称"铁笛"的杨维桢擅诗文、擅音乐，也擅书法。据说他传世的作品仅五十件，其中有七件书写于昆山马鞍山麓的清真观竹洲馆。他来到昆山，不只是去玉山草堂，还把竹洲馆作为自己的读书处。

被誉为"百里平畴，一峰独秀"的马鞍山（玉峰山），是昆山的象征，历来成为画家的题材。据《书画玉峰》（昆山书画院编）的资料，画家沈周、文徵明、董其昌等都有佳作留传。沈周的《马鞍山图》、文徵明的《少峰图》、董其昌的《马鞍山色图》，以及元代无名氏的《春山图》，是他们一次次游览玉峰山后的作品，体现了他们对昆山文化的感悟。

沈周《马鞍山图》

上海博物馆藏有一件明代画家董其昌的《昆山道中图》扇页。作品描绘秋树扶疏下荒亭寂然，一桥通向画外，但是没有人迹。隔岸青山，山脚朦胧，呈雨后初霁之景。扇页系金笺，然而用笔不见浮滑，娴熟的墨法营造出一派氤氲之气。扇面上，有作者自题"丙辰十月晦，写昆山道中所见"。这一年，他六十二岁。三月中旬，董其昌与姻亲范旭不和，导致民愤而避走他乡，直到秋天事态才平息。在这期间，他游历了昆山、青浦等地。《昆山道中图》是他的纪游之作。

董其昌，松江府华亭县（今上海市松江区）人。明万历十七年（1589年）举进士，选庶吉士，授编修，官至礼部尚书兼太子太保致仕。他是一位杰出的理论家、鉴赏家，也是对后世影响颇大的书画家。在作《昆山道中图》两年后的戊午年阳春三月，他在昆山，评论了虞世南书法。与此同时评论了王献之的书法。他说："余得右军小楷四种，宋拓最后，求《十三行洛神赋》，廿年未有佳绝者，仅以宝晋斋宋拓本附之。然字已漫，不足称完璧。兹从楚刘金吾购此本，与晋陵唐少卿家藏无异，乃以新刻米、褚小楷帖二种，前后护之……戊午三月二日，娄江道中识。"字里行间似已透露，昆山曾拥有晋王献之的《十三行洛神赋》及唐虞世南的法书真迹。写有《真迹日录》的著名收藏家、鉴赏家张丑，与董其昌是同时代人，彼此的交流是不会少的。

明代书画家中，文徵明与昆山的维系最多。他的父亲文林与世居锦溪的进士吴愈交往很深，常常一起品评画理。后来，文徵明还成了吴愈的三女婿。文徵明不仅写下了脍炙人口的"锦溪八景"诗，还与享有盛名的沈周、唐寅、仇英、蔡羽、高启等人结伴，在锦溪五保湖畔运思酬唱，泼墨作画。他的《少峰图》，则是应辞官回乡的张情（鉴赏家张丑的祖父）之邀，游览玉峰山后的作品。

元明时期，昆山涌现出不少名噪天下的书画家，如王履、夏昶等。有一个现象很值得我们注意：无论是手握权柄，身处显贵，还是安贫乐居，不求闻达，画家们有一个共同的特点，即不愿意应召去做宫廷画家，宁肯自由自在地在民间挥洒笔墨。不受条条框框的束缚，恰好能展示自己的个性与风格。他们所拥有的艺术实力，无疑是吸引各地书画家前来交流的首要原因。

四

我们不妨把视线拉得远一些，看看雅典文化的开放精神。这个地处巴尔干半岛古老而又开放的城邦，与东方古国互相往来，邦际间也频繁交往。埃及、巴比伦等地的精神产品，源源不断进入雅典人的生活并被融合在雅典文化之中。不少外邦学者来雅典作学术交流，甚至终生定居于此。在这里，柏拉图向学生讲授神学唯心主义，伊壁鲁开办学校提倡无神论，德谟克利特宣传原子唯物主义，亚里士多德进行自然科学研究，彼此却相安无事，不用担心会受到压制。在思想言行不受任何禁锢和干预，各个学派共同发展的状态下，雅典的文化繁荣可想而知。

中国的文化，绵延数千年从未中断，而且一直处于领先发展的地位。与农业经济一样，在文化上容易自满自足，保守的文化心态根深蒂固。在这样的背景下，假如谁敢于、善于吸收外来文化，顶住被视作异端的压力，谁就必然会蓬勃发展。

昆山人的聪明才智，体现在很懂得文化交流，并且在交流中坚持"为我所用"。不封闭，不排外，不仅仅是一种姿态，更是出自内心的见贤思齐。这使昆山文化在博采众长中形成自己的特质。

昆曲的改良成功，便是典型的一例。

明代中叶，江西豫章（今南昌）人魏良辅流寓于鹿城（昆山）和娄东（太仓）之间，一边行医谋生，一边和女婿张野塘（河北籍）一起潜心改良昆山腔。昆山人丝毫也没有因为他操着江西口音，而将他拒之门外。从魏良辅开始，引入了器乐伴奏，使得本来婉转流丽、透迤动人的昆山腔，彻底改变了南曲不用管、弦乐伴奏的"干唱"方式，更加声情并茂。在演唱语音上，魏良辅大胆选择了"昆山—中州音"。于是，昆曲既是昆山的，又不失去语音对应区，由"止行于吴中"的清曲，发展成为"四方歌者皆宗吴门"的影响极大的剧种。

梁辰鱼是魏良辅的学生。他"考订元剧，自翻新调"，在继承魏良辅以字声行腔的方法后，青出于蓝而胜于蓝，努力使昆曲舒缓缅邈的风格得到进一步发展。他不仅创作了昆剧史上最早的传奇《浣纱记》，而且以丰富的作曲经验，使之真正成为"场上之曲"。梁辰鱼善于汲取别人的长处，杨维桢所作南散套【双调·夜行船】《苏台吊古》，句式、平仄都很合律，被他用在了《浣纱记·泛湖》一出中。

用今天的表达方式说，如果昆山没有一定的经济基础、艺术实力和开放意识，不能形成足够的文化磁场，杨维桢、倪云林、高则诚、柯九思、李孝光等一大批名流雅士，怎么可能从会稽、无锡、天台、永嘉等地纷至沓来，在阳澄湖畔赋诗会文、宴饮赏曲，使玉山雅集与兰亭雅集、西园雅集齐名，成为中国文化交流史上的盛事？

但与此同时，我们也应该看到，在20世纪80年代之前，昆山始终是一个普通的农业县，经济与社会事业发展有诸多局限，也缺乏文化交流的平台。明末清初爱国主义学者、思想家顾炎武，四十岁以后北上漫游，以大半生的时间，"行千里路，读万卷书"，与全国各地的学者互相交流，取长补短，才名满天下。他的所有著作《日知录》、《天下郡国利病书》、《肇域志》等，没有一部是在昆山完成的。近现代昆山籍名人如王安、叶楚伧、胡石予、吴粹伦、丁善德等，也无不是离开家乡，外出求学后，在广阔的天地里付出艰辛的努力，才得以成名的。

在我们的城市迅速走向现代化、国际化的今天，如何促使文化交流与经济发展同步，这个现象不能不引起有识之士的关注。

古镇的寿期
——江南古镇兴衰的文化考察

苏州、无锡、常州、杭州、嘉兴、湖州,构成了一片历来被称为"苏湖熟,天下足"、"上有天堂,下有苏杭"的地区。宋元时期以来,这里就形成了都会、府城、县城、村镇等多层次的政治与经济结构。它们有着内在的经济联系和共同的发展特点,富庶殷实,绚丽多姿。今天以上海为中心的长江三角洲经济区,在千年以前就奠定了坚实的基础。与城市紧密相依的水乡古镇,是不可忽视的一环。

明代的苏州府、松江府、杭州府、嘉兴府、湖州府,是财赋重地,商品经济发达,市镇发展十分迅速。正德《姑苏志》记载,苏州府所属吴县、长洲、昆山、常熟、吴江、嘉定、太仓七个县州,有七十四个市镇。到了清代,江南五府的市镇仍然呈蓬勃发展之势。乾隆年间的市镇,几乎比正德年间增加了一倍。拥有人口万户以上的镇有南浔、盛泽、乌青、王江泾、唯亭、硖石等;拥有人口千户以上的镇有黎里、章练塘、朱泾、同里、周庄、璜泾、震泽等,呈现一派"太平翔洽,聚庐而居,人烟稠密,比屋万家"的情景。这些镇,今天仍风采各异。

江南古镇从诞生之日起,就注定了要成为连接城乡的枢纽,成为物资流通的集散地。许多古镇的兴盛史,大多可以追溯到南宋迁都临安(今杭州)这个事件。南宋王朝建立起在临安的统治,控制着中国半壁江山。加上南宋与金两朝对立分治时,并没有割断南北之间的经济联系,南宋王朝的经济依然得到一定的发展。宋朝南迁后,皇帝、贵族、文官、武将、地主、商人很快引发起了兼并土地的狂潮。一个大地主收租十万,已经不是什么稀罕的事情。许多在政治上主张革新、主张抗战的官员,也都占有大批的田产。

这显然为集镇的形成提供了条件。比如古镇周庄,由于跟随宋高宗南渡的金

陈妃水冢

二十相公一行没有前往临安,而是迷恋水乡的清淳幽静,居住下来。他们带来了大量的金银细软,将异乡作故乡,促使周庄镇的人烟稠密起来。古镇锦溪,又名陈墓。宋孝宗的宠妃陈妃,喜爱锦溪水乡美景,恋不忍离,病殁后水葬于五保湖中。陈妃水冢成为锦溪历史文化的一个重要标志,陈墓也因此衍成苏州远郊的大镇。嘉善西塘的八进大宅种福堂,是南宋王渊子孙的宅院。王渊曾任宋御营司都统制,宋高宗赵构南渡时,他护驾随行来到江南。元朝末年,王渊的子孙为了躲避战乱定居嘉兴,后来又移居到西塘镇。

不难看出,江南古镇的兴盛和衰落,政治因素是占主导地位的。但我们绝不能低估了商品经济的作用。商品经济是古镇兴起的根本。只要探究一下古镇发展史就可以知道,几乎每一个镇都是因为集散着乡村的物资而形成的。由"断竹，续竹，飞土，逐肉"开始，因为多余和短缺，人们开始有了交易，有了朝聚井汲，也就有了市井，有了街道。人们生产的物品超越了日常需求，互相交换而产生自发的集市，便逐步由朝聚夕散，变得固定起来。人烟逐渐稠密以后，街道就不断地延伸。经过多年的积聚，古镇仅有街市一条是不够了，就向四周延伸，有了东西南北之分，俗称东栅、西栅、南栅、北栅。栅，原本是指在水巷里设置的栅栏。这恰恰体现了水乡古镇的格局。

不少专家在考察与研究中提出这样的观点：数以百计的江南古镇，是在互相依存、互相竞争的市场经济大环境中，从各自的特点出发，逐步形成专业分工的。不少古镇以自己的特色专业市场闻名于世。比如说，以丝业为主的南浔、乌镇、震泽等镇，以绸业为主的盛泽、双林、濮院等镇，以棉布业为主的罗店、七宝、朱家角等镇，以刺绣业为主的光福、镇湖、东渚等镇，以砖瓦窑业为主的锦溪、千家窑、陆慕等镇，以花果生产为主的东山、西山等镇，以制笔为主的善琏镇等等。直到现在，这些古镇仍然在保留原有特色的基础上，寻求更深层次的发展。还有不少古镇例如周庄、同里、西塘、锦溪、甪直等等，在发展经济的同时，千方百计地形成休闲游览区的特色，求得错位发展。

文化，是古镇的灵魂。随着时光的流逝，政治、经济等等积淀成文化形态，渗透于建筑、交通、习俗、方言、服饰、饮食等诸多方面。古镇的街道上开设菜馆、茶馆和各种各样的商店，店铺招幌林立，酒香四溢，不时还有进香的人们前往庙宇叩拜，热闹非凡。游走码头的优伶们，也纷纷前来唱曲，古镇的文化风情也就浓郁起来。与大都市的繁华、喧腾和快节奏相比，古镇的人们始终享受着一种恒定、安逸的生活，不奢华，却舒适，不匆忙，却惬意。人们在狭小而又熟悉的街巷里，完成商品买卖、亲邻交往、休闲娱乐，甚至终老一生。旖旎的水乡风光、安定的生活环境、良好的文化氛围，往往吸引许多文人雅士来这里居住。他们在江南古镇留下了无数历史遗迹，也促使古镇形成了稻米莲歌、耕桑读律、科名相继的传统。这种崇文重教的传统，一直延续到了今天，从未衰落。那些在官场或商场混了大半辈子，口袋里有了许多银子，心里却感到很失意的人们，离开都市，来到水乡古镇修筑院宅和花园。他们觉得莳草弄花，吟诗作画，是寄托清高，寻求安逸的最佳选择。所有这些，让古镇积聚了丰厚而稳定的文化底蕴。

人们喜欢把古镇比喻成世外桃源。事实上，千百年间，星罗棋布的江南古镇，无不经历了兴衰的过程。与大城市相比，古镇兴盛与衰落的轨迹更加清晰，更能给我们提供考察研究的范本。

昆山与苏州交界处，有一个古镇正仪。地方志记载，南朝梁武帝天监六年（507年），"分吴郡置信义郡，分娄地置信义县"。信义，后来衍化为正仪，在1500多年前，这里曾经是地级市的治所，也是县府的所在地，可想它的地位与规模。梁太清三年（549年），信义郡改为信义州。到了隋开皇七年（589年），又撤销了信义的郡县建制，归属昆山县管辖。范成大在其编著的《吴郡志》中说，昆山"县西二十里有村曰信义，疑此古县地也。土人或讹为镇义"。显然，在宋代时，随着行政级别的下降，信义早已没有地级市的气派，也没有县城的风光了。此后，它一直是沪宁沿线的一个集镇。由于地处阳澄湖畔，水产品集散中心的名声在江浙沪一带很响亮。进入21世纪后，正仪在乡镇合并中，无可奈何花落去，下降为巴城镇的一个街道。值得夸耀的，似乎只剩下文魁斋的青团子，以及几座古桥。

淀山湖畔有一个古镇商榻，与周庄紧密相连，却属于上海市青浦区。商榻，从前也叫双塔，有两座气势雄伟的宝塔，任一池荷花映衬。据说湖畔还有过一座香火鼎盛的石神庙。春秋时期，这里就是兵家抗衡之地。明代以后，随着经济的繁荣，这里渐渐形成了太湖与黄浦江之间来往客商的下榻之地，所以更名"商榻"。它锁钥淀山湖口，吴越文化在这里交汇，风土人情纯朴如古。这里还始终沿袭的民间习俗——阿婆茶，被命名为非物质文化遗产。然而，今天商榻古镇已不复存在。记忆中的粉墙黛瓦蠡壳窗，被脚步磨得溜光的花岗石，躬身而卧的拱桥，还有分布在小街两侧的茶馆店、绸布店、药材店，荡然无存。

任泰昌，曾是一家不小的糟坊，晚清建筑，前店后坊。如今木门内只剩下一个凋零冷寂的院落。

商榻古镇失去了作为客商下榻之地的特色，有商而无榻，有镇而不古，被毫无特色的建筑占领，衰落是一种必然。由于经济基础薄弱，导致行政级别下降，最终被金泽镇兼并。据说连商榻中学都要被撤销。很多人为孩子着想，纷纷去青浦城里买房子，哪怕价格贵上一倍。这里有两万多本地人，涌入的外地人也有两万多。新镇区转移到了公路边上，没有任何个性特征。

"明朝归路下塘栖，不见莺啼花落处"，这是诗人苏轼对杭州远郊京杭大运河畔的古镇塘栖的描绘。清乾隆《杭州府志》载："此镇宋时所无，而今为市镇之甲，亦以运道改移日益繁盛。"水陆交通便利，商贾云集，使这里成为名副其实的鱼米之乡、花果之地、丝绸之府。《塘栖志》载，古镇明代曾有进士15名、举人40名、贡生14名；清代有进士23名、举人64名、贡生43名。人才辈出，在江南水乡古镇中是罕见的。而樾馆、传经堂、丹铅精舍、结一庐、冯园、鉴止水斋、思茗斋、水一方等众多藏书楼，则是古镇学风兴盛的标志。

然而，处于高铁时代的塘栖，随着工业化浪潮的兴起，和京杭大运河功能的消退，古镇的明清风貌很快被崭新的建筑所冲淡。"七十二条半弄堂"的格局，只存在于百姓们的记忆里。靠一座通济长桥、一通乾隆御碑，怎么能开发文化旅游？

与人的生命相仿，古镇也有兴盛与衰落，也有靓丽与灰黯，也有它们的寿期。从正仪、商榻、塘栖的变迁我们不难看出，古镇的兴盛自有政治、经济、文化的原因，古镇的衰落也离不开这三个方面的原因。行政中心的转移和区划的变更，改变了古镇原有的功能，必然影响其集聚效应；随着快速交通网的形成，集镇的马路越修越宽，街市不再临水而筑，前店后坊的格局被连锁超市所打破，商业模式随之改变；随着外向型经济和民营经济的蓬勃发展，大量非本地人口移入，冲决了原有的生活方式，无疑也严重影响古镇绵延千年的文化传统。

事实上，太湖流域的水乡古镇，像正仪、商榻、塘栖这样萎缩乃至消逝的，已难以计数。假如有哪处文化古迹没有被损毁，反而成了稀罕之事。而近年来工业化、城市化运动的迅速演进，更使不少古镇的老街遭受建设性破坏，彻底失去了原有风貌。

位于312国道北侧的小镇南星浜，是另一种状态。它被一片新兴的厂区所包围。村边的西罗庆桥，失去了护栏，骨架依然完整。桥堍还保留着几间晚清的民居，与之呼应。人们在桥阶间添了一条水泥带，那是为了给自行车和摩托车提供便利，颇不协调，却也无奈。我站在河边，仔细辨认着桥联："石级隆崇憩里老，安澜庆□沸农歌。"这个南通吴淞、北挹娄江的地方，离城十几里。说是村落，其实在尚无火车和汽车时，早已人烟稠密；说是集镇，始终是日出而作、日落而息的农耕景象。四周鸡犬之声相闻，水波不兴，宁静安谧。手捧茶壶的老人倚靠在门口闲聊，脸上流露安详的神色。

如今，这里变得出乎我的意料。卵石铺就的小街，狭窄得只容两人错肩而过。临街的房屋全都成了店铺，出售快餐、熟食、饮料和水果，看来原住民都搬出去了。宽敞点的，就开设超市。下午四点钟，是生意最清淡的时候。我稍作留意，发现店铺的食物中，不是有红辣椒，就是撒了辣椒粉。写有"陕西凉皮"、"肉夹馍"字样的广告，随处夺人眼球。而一家小饭店的门口，以"哥们再来"为招牌，正静候客人。不难想像，夜幕降临时，这里觥筹交错，将会怎样的热闹。如今，从肤色和服饰已很难看出是哪里人，但店主们充满热情、紧张、期盼的神色，却分明告诉我，他们是门面的租赁者，在这里各显神通。果然，一开口，卷舌音都很重。

西罗庆桥北，摆开了几十幅招聘外企员工的广告。一间民居，一张桌子，一台电脑，便可以成为一家人才中介公司，吸引许多报名者。宽阔的马路边，占道停泊着很多辆运货或载客的小面包车。车牌上有陕、皖、豫，也有苏，或许是为人才中介服务的。

对面，是一片新辟不久的街区，有住宅楼，有商铺，有医疗门诊部，与南星渎的狭窄局促形成了明显反差。稍稍往北，就是一家拥有数万员工的生产电子元器件的台资企业。假如他们的产品供不上，全球的IT产业都会放缓脚步。四周，分布着许多家与之配套的工厂，以及林林总总的外企和民企。早先阡陌纵横、稻浪翻滚的景象，早已被鳞次栉比的厂房所替代。无数年轻人怀着青春的梦想，别离贫瘠的故土，千里迢迢前来寻求生存与发展的空间。站稳脚跟以后，又接来父母亲和其他家人。他们没有想到，自己的涌入给这片古老宁寂的土地带来了前所未有的冲击。南星渎的生命轨迹被改变了，它的集镇动能也改变了。

周庄、同里、甪直、南浔、乌镇、西塘，以及近年来声名渐起的朱家角、锦溪、千灯、七宝、木渎等古镇，之所以能硕果仅存，是因为它们在发展经济的同时，不断保护和延伸文脉，开发旅游，使古镇成为游客寻求历史记忆的精神家

水乡锦溪

园，成为人们寄托乡情的文化符号。许多有经济价值的传统文化，通过陈列品、纪念品、印刷品和艺术表演等形式向游客展示，获得了掌声与利润，古镇也因此适应了生存环境。

我们不妨来看看周庄。从北宋元祐元年（1086年）周迪功郎将庄田捐赠给全福寺，老百姓把这里称作周庄算起，古镇已经超过了九百岁。居住在这片土地上的人们，始终胼手胝足，以农耕蚕桑为生。20世纪50年代后，由于实行计划经济，这个地处昆山、吴江、青浦三县交界处的古镇，只能供应本地居民和农民的物资，日趋冷清。加上四面环水，只靠一班轮船与外界沟通，交通闭塞，很多人把周庄视为畏途，周庄本地人也难以在小镇上留下来，千方百计外出谋生。

规模很大的全福讲寺，被人们在"大跃进"年代改建成了粮库。七进古宅沈厅，曾经作为工厂的车间，整天机声隆隆，油污满地。街巷里冒出了崭新的红瓦洋楼，与古镇风貌极不相称。20世纪80年代中期，乡镇企业如雨后春笋势不可当。周庄依靠上海的技术力量，发展小化工和皮鞋制造业。年产远足牌、大象牌、飞菱牌皮鞋200多万双，成了"皮鞋之乡"。然而，老百姓依然没有走出贫困的阴影。

真正使周庄在经济与文化的结合点上准确定位的，是旅游。究竟怎么搞旅游，发展旅游业应该具备什么要素，一开始周庄人根本不懂，只能边学习，边探索。急于求成的人们在镇区乱搭乱建。画家吴冠中教授来到周庄写生，发现市河上有一座很不协调的水泥平桥，桥上盖了一间铁皮房子，当夜就向镇里的领导提意见。回到北京后，又给《中国旅游报》写文章，以"拔掉眼中钉"为题。他对周庄的评价很高："黄山集中国山川之美，周庄集中国水乡之美"，但批评也是闻所未闻的。从此，与古镇保护规划不相符的建筑，都成了大家的眼中钉。

在缺乏资金、缺乏经验、缺乏人才的状态下，周庄人想尽一切办法修缮名人故居，恢复名胜古迹，重建桥楼寺院。热爱古镇的人们，几乎谁都可以对古镇的历史文化、人文景观津津乐道。当苏州忍痛开辟干将路时，周庄人抓住机会，去大量收购明清建筑材料，让古镇的许多老房子修旧如旧，原汁原味。

回过头看，与其说周庄古镇是在无数专家的帮助下，被保护下来，还不如说它张扬自己的文化个性，赢得"中国第一水乡"的称号，进入了新一轮生命周期。今天的周庄，并非明清时期的周庄、唐宋时期的贞丰里、春秋时期的摇城，它的细胞始终在新陈代谢。假如泥古不化，早就僵死了。

周庄的成功，给我们太多启示。梳理历史脉络，清点建筑遗存，聚集名人资源，使文化旅游保持长久的生命力，这是我们有目共睹的。然而最重要的，是古镇得以在更新中保护，在保护中更新。九百岁的古镇进入了新一轮繁盛期，功莫大焉！

然而，不是每个古镇都值得保护，也不是每个古镇都能够保护。

城市化是现代化的必由之路，汹涌的时代潮流无法阻挡。消逝也是一种嬗变。

旅游业是一个带有文化印记的资源依托型产业。通俗一点地说，旅游出售的是文化。所以，对于古镇来说，保护文化资源的意义永远大于开发。当某些地方提出将古镇"建成国际化的高级商务旅游目的地，文化盛事的举办地，高端人群聚集的理想场所"等高调口号的时候，一向宁静散淡的古镇也变得躁动不安。此刻，古镇如何坚持以文化为灵魂、以文化显个性、以文化拓市场、以文化建品牌，就显得十分重要。

怎样将文化特色与经济发展完美结合？找不到现成的答案。每个古镇都应该注重挖掘文化个性，确立文化定位，这是促使古镇中兴，提升旅游层次的关键。许多古镇的旅游业经过了一段时期的实践，进入了扩大再生产的阶段，希望通过景区调整吸引来高端的消费力较强的游客，也希望通过改善硬件和软件条件，吸引会展和公务游览。然而理想与现实始终是矛盾的。在新一轮开发中，水乡古镇必须抓住机会，探寻历史文化底蕴，开发多样化、具有独特价值、与文化个性相融合的功能载体。某些古镇对商业的逐利性不加控制，急于求成，盲目投入，恰恰破坏水乡古镇的文化根基，只能是事倍功半。

事实上，发展旅游并非古镇的唯一出路。许多古镇在招商引资中，注重文化引领，以营造良好的投资环境、生活环境，不是同样收到了理想的效果？

古镇发展犹如行至十字街头，痛定思痛，该走向何方？阮仪三教授曾以《十字街头的踯躅》为题，提出了振聋发聩的诘问："在我国快速城镇化发展和社会经济政治各项体制尚未完善的转型时期，江南水乡古镇的发展实践虽然开创了一种保护与发展兼顾、经济与文化并重的城镇发展建设道路，但其过程中所暴露出的旅游资源同质化、空间承载超负荷、商业化发展失控、居民社会结构变异、周边土地资源过渡开发、城镇生活景观消逝等问题远非在一两个古镇发展中偶然暴露的个别现象，而几乎成为水乡古镇发展到现阶段所必然经历的阵痛……"

阮仪三教授比一般人更深切地经历古镇文化流失的痛楚。他的诘问，或许我们还要经受更多的痛楚，才能明晰回答。

沈万三是沈括后裔？

小说《金瓶梅》借助潘金莲，讲了这么一句谚语："南京沈万三，北京枯柳树，人的名儿，树的影儿"，这象征着沈万三身世的扑朔迷离。这位江南第一豪富因为得罪了朱元璋，被籍没充军，无从载入正史，而在大量的民间传说中，更是涂抹了传奇色彩，莫衷一是。最近读到清人陈树德编撰的《安亭志》（上海古籍出版社出版），发现该志有几处记载了明代初年沈氏家族的情况，尤其是卷五"艺文一"沈璐所撰《自书族谱序》中提到，沈家的远祖为"梁仆射休文公裔，世居武康，后迁洛之汴邑"，"及宋，大学士（沈）括子讳时升者，为太常卿，从宋南渡，徙于嘉兴。及后，分居昆山之安亭里"。这则史料，尚鲜为人知。

沈万三果真是沈括的后裔？他的哥哥沈万一、沈万二是什么状况？他跟安亭镇有什么关系？

让我们先从沈璐说起。沈璐是沈万二的后代，生活在明代嘉靖年间，曾当过云南南安州太守，与散文家归有光交往甚密（归有光一生中有很长时间在安亭世美堂执教）。这篇《自书族谱序》，是他在嘉靖年间接受族人的邀请而写的。在《自书族谱序》里，沈璐详细描述了先辈的情况：

> 我祖为梁仆射休文公裔，世居武康，后迁洛之汴邑。至唐，六十九世组讳直者，累官宗伯、右丞。其仲子权，任工部郎中。及宋，大学士括子讳时昇者，为太常卿，从宋南渡，徙于嘉兴。其后，分居昆山之安亭里。而我八十祖讳黼朗者，亦居安亭，生万一、万二、万三兄弟，富冠江南，而万三为尤者……

不难看出，沈氏家族是在南宋定都临安（今杭州）时，随宋室南渡，从汴邑（今河南开封）迁徙至嘉兴的。查阅沈括生平可以发现，他于治平三年（1066年）入京（开封）编校昭文馆书籍。元丰八年，由于政事倾轧，五十五岁的沈括离京到秀州（今浙江嘉兴）编绘《天下州县图》，两年后又迁居镇江，筑梦溪园，并撰写了笔记体科学巨著《梦溪笔谈》，名垂史册。这跟《自书族谱序》所说基本一致。

沈氏子孙分别居住在安亭里（安亭当时属昆山县，至南宋嘉定十年才划归嘉定县）。万一、万二、万三兄弟，"富冠江南，而万三为尤著"。他们的父亲为沈黼朗。

沈璐则是沈万二的后人，"我八十一祖为万二公，后改真二，或云即功臣寿二，闻高皇帝诗有'不如江南一富翁'之句，叹曰：'兆萌于此矣'。即以家资付干仆，买巨航，泛湖湘"。

在沈万三与皇帝朱元璋斗富的时候，哥哥沈万二却在安亭里，时常满脸忧愁，丝毫也不以积聚的财富感到快乐。遇到有京师来的客人，他上前询问有什么见闻，客人告诉他：天子朱元璋登基以后，天下太平，只不过最近皇帝新写了一首诗："百僚未起朕先起，百僚已睡朕未睡，不及江南富足翁，日高五丈犹披被。"沈万二顿时叹息道："征兆已经萌芽了。"他将家产托付给仆人管理，自己与妻子儿女，买了大船，泛游于湖湘一带。"泛湖湘"，暗示了沈氏兄弟很适应从事海上贸易。

清褚人穫的《坚瓠二集》"客座新闻"也有这样的记述。

查阅《安亭志》卷四"选举"，有沈万二的小传："沈真二，即万二。分宅湖州府乌程县胡溇邨。中书左丞相徐达等东征张士诚，真二献饷劳军。以平吴功，优叙都指挥使、骠骑司马。辞职不受，封朝奉大夫，子孙传袭恩荫。"卷十三"古迹第宅"载："朝奉大夫沈贞（真）二宅，在嘉邑河号二图中市东岸。"

值得注意的是《安亭志》卷二十"杂识"，还详细记载了沈万二参与徐达攻略湖州，并且受到明太祖褒奖的细节："太祖大吴元年，里人沈万二，分宅与浙江湖州府乌程县四十一图之胡溇邨。丁未八月，帝命中书左丞相开平忠武王徐达及平章常遇春代驾东征张士诚，攻战太湖。因驻大军于太湖南岸。"

当时，徐达等人"见其堂宇轩昂，遂传令暂驻其家。万二迎接诸帅至家，供设御座于百尺楼。屯一十八寨于家之前后。日献量万石，表散各营军士"。由此可见，徐达征伐湖州大军的司令部，就设在了沈万二家。而各营则围绕沈万二家驻扎。

不仅提供大宅，沈万二还出谋划策，"收各邨蚕筐"，作为火攻的器具，大军得以"用火攻得胜"。《明史·常遇春传》的记载，可作佐证："……败吴军于太湖，于昆山，于三里桥，遂薄湖州。士诚遣兵来援，屯于旧馆，出大军后。遇春将奇兵由大全港营东阡，更出其后。敌出精卒搏战，奋击破之。袭其右丞徐义于平望，尽燔其赤龙船，复败之于乌镇，逐北至升山，破其水陆寨，悉俘旧馆兵，湖州遂下。"他们火攻的对象是张士诚援军中的水军，由部将徐义率领，主力是所谓的"赤龙船"。沈万二建议用"蚕筐"来装燃料，使之浮于水上，成为火攻的利器。

沈万二立下汗马功劳，得到了明太祖的奖赏。在徐达为沈万二报功之后，"太祖遣黄门召见，给以冠带，即命与公侯将帅同赐宴。帝联诗以赐万二，云：'仗剑持枪兴帝家，捐资供献米和茶。文尊礼乐光星斗，武剿尘夷列阵排。已诛张氏三千卒，共宴功臣百万齐。三吴义士应褒赠，指日崇勋拥碧阶。'"对于沈万二的评价，不可谓不高。《安亭志》自然要作为重要资料载入了。

沈万三也资助明太祖朱元璋，结局却很惨。据《周庄镇志》记载："洪武时，富民沈秀者助筑都城三分之一，请犒军。帝怒曰：'匹夫犒天下之军，乱民也，宜诛之。'后谏曰：'不祥之民，天将诛之，陛下何诛焉！'乃释秀，戍云南。"他被充军至云南边陲，死后才归葬周庄银子浜。

关于沈万一，《安亭志》语焉不详。关于沈万三，也几乎没有记载。今天我们从《周庄镇志》、《吴江县志》、《吴兴备志》、《云蕉馆记谈》、《坚瓠集》等搜集到的关于沈万三里籍的记载，比较一致的说法是沈万三的父亲为沈祐，从湖州（即吴兴）南浔沈家漾，迁徙入籍苏州府长洲县周庄东垞。沈祐来到周庄后，"见其地沃衍宜耕，因居焉（沈伯照墓志铭）"。居住在哪里？"沈万三宅，在东垞村"（章腾龙《贞丰拟乘》）。这跟《安亭志》中关于沈氏三兄弟的父亲为沈黼朗，居住在安亭里的记载并不一致。

目前还找不到材料可以证实沈祐和沈黼朗是同一个人。耐人寻味的是《安亭志》中有这样一句话："太祖大吴元年，里人沈万二，分宅与浙江湖州府乌程县四十一图之胡溇邨。"

所谓"分宅"，就是在父母亲逝世后，成年的兄弟互相分家（包括田地和财产），并且搬出去居住。元明时期的江南土地大户，一是因为家里人丁繁衍需要"分宅"；二是因为当时税赋以土地计算，通过"分宅"可以避税免役。

胡溇邨，位于湖州东北太湖南岸，今属吴兴区织里镇，与南浔沈家漾靠得很近。现在交通发达，只需几分钟车程。分宅后沈万二居住的胡溇邨，与沈万三的籍里南浔沈家漾，差不多在一起。《自书族谱序》说得很明确，沈家是江南大户，沈氏在湖州当有很多财产。但据《吴兴沈氏宗谱》记载，沈氏自宋代以来即为吴兴大家望族，千百年来，沈氏后裔长期居住吴兴与菱湖等地，世代繁衍。从时间上看，沈万三随父亲沈祐自湖州府南浔镇移民到周庄镇，是在元代末年，当时沈氏兄弟尚未成年。这与《安亭志》的记载也有矛盾之处。

周庄沈万三与安亭沈万二，都是江南豪富，都与明太祖结下不解之缘，留下了很多传奇故事。但他们究竟是否亲兄弟？他们是沈祐的儿子还是沈黼朗的儿子？是否北宋科学家沈括的后裔？仍然是一连串待解之谜。不过，《安亭志》所刊载的这些资料，毕竟为我们研究江南豪富沈万三的身世，提供了很重要的参考，至少能让我们打开一些思路。

章腾龙身世与《贞丰拟乘》

周庄章宅，清代文化人、《贞丰拟乘》作者章腾龙的故居，位于周庄镇中市街，始建于明代。历经岁月风霜，现存一进后堂楼及东西厢房，建筑面积不到300平方米。地方志载，清初章永廉在此设米肆，济赈灾民，后扩建两大厅，名为绿天书屋。章腾龙晚年在这里编纂《贞丰拟乘》（贞丰里为周庄镇前身）。最近，周庄镇在准备维修章宅时，无意中发现了一部《贞丰章氏家乘》，虽然纸页蚀损，但手写的字迹依然清晰可辨。这为研究古镇的社会变迁，提供了极其重要的史料。

从清康熙丙申年（1716年）章氏后裔章腾龙、章秀和章履泰等人为《贞丰章氏家乘》所作的序中，我们可以看出，章氏出自山东章丘。战国时，齐太公将齐国的附庸国分封给子孙为领地，被封在鄣国（山东章丘）的后裔，便以国名"鄣"为姓。后鄣国被齐国所灭，为了不忘同宗相残的悲剧，他们去邑为章，自立章姓。五代时，章氏先人章仔钧在建安当官，智勇俱全，事载纲鉴。他的后裔分别流散到三吴、兰溪、八闽，宋元明以来出了不少名贤儒宦。居住在平江府（今苏州）的，称作南北章。南章中的子厚贵为丞相，北章中的质夫官至枢密。明末，依然家道殷实，为人所窥伺。及至清初，章家先祖继台公逝世，儿子允清才九岁。因为有亲戚住在周庄王家浜，为趋避仇害，母亲姚氏带着允清去了周庄。从此，章氏的一脉便定居在了周庄。大约在清顺治七八年（1650年、1651年），章氏置得中市街木桥头市房，作为住宅。康熙十五年（1676年），又买下了金姓人家的楼房。这时候，允清之子尔功兄弟的生活已颇为富庶。到其孙天佩成年后，章家已成古镇巨室，子孙鼎盛，书香不绝。

由于章氏宗谱在明末散佚，无人以续。定居周庄后，由章腾龙的侄子重新续写宗谱，称为《贞丰章氏家乘》。以继台公父亲华台公为第一代，绵延至章腾龙

贞丰章氏家乘源流说

先祖本住郡城先清公九岁奉母避居村落时正明季之末也本朝顺治初鹅附居之贞丰里周庄镇名当中顺治七八年置得中市木桥头布房为住宅康熙十五年置得金姓楼房时有尔功兄弟父子家道富庶又得一备住房至孙天培公已成巨室故曾孙辈群向文章学堂有志科第今子孙鸿威书香不绝虽未得列于缙绅然亦镇中之望族矣弟祖宗既开基业于前子孙更当光显於後吾愿宗族中富贵者济急

《章氏家乘》书影

（觌韩公），已经是第五代了。

《贞丰章氏家乘》中，第一代章华台、第二代章继台仅存姓名，行事俱不可考。第三代章允清，记载较为详细："因祖父早亡，弃儒为商，经营货殖，生平好施。凡镇中寺观桥梁及一切济僧济众，奉母布施，无少吝惜。镇中永庆庵铸钟，列名于上第。时属国初，乱□饥荒救赈□难，家虽有资而用度日常不足。镇中称章善人。"周庄自沈万三开始，便有独特的商业传统。九岁随母亲来到周庄的章允清，成年后弃儒为商，经营货殖。但他赚了钱以后乐善好施，颇受人们的称赞。

章腾龙，字觐韩。《贞丰章氏家乘》关于他的记述，和陶煦《周庄镇志》上的记载有所不同。《家乘》说，他幼小时就是名童，被称作"章状元"。"家贫无力课诵。举长邑生员，屡试不中。遂专精诗赋辞曲，常作院本伶人持去"。不能经由科举入仕，就做一个吟诗作赋的文人，他的剧本还常常被伶人拿去演出，可惜没有流传至今。"生平雅尚好奇典□，过目成诵，谈笑风生。老年授徒讲学，作《周庄志》，绘《八景图》。赠人其写真布景别有领悟"。《周庄镇志》则说他应试不获，兼而习武，长入庠为武生。大约在清雍正九年（1731年）后，由于他的外甥杨俊担任广西兴业县令，他前往佐之，当书记官，借机会游历西粤，在游学中获得了很多的长进。他在旅途中，详细记录当地的山川物产、风俗人情，回到周庄后，撰写成《岭南杂志》和《粤游记程》。晚年，他又编纂成《贞丰拟乘》。五十多年后，由里人陈勰增辑出版问世，成为周庄的第一部镇志。章腾龙的著作还有《绿天书屋诗文集》、《驹隙志》、《清梦录》、《金阊婆子话稿》等多种。

章腾龙在《贞丰拟乘自序》中说："余生长贞丰之里，地祇偏隅。耳目浅隘，非如大都通邑，名山巨川，为前人题咏流连之处，可以考古证今，著于笔墨，以备輶轩之采。然其间岂无庙宇古迹祠墓桥梁班班可称述者？……听其零落而弗与之传，不且为文人学士之羞耶？"值得注意的是他编纂《贞丰拟乘》，是在游历西粤以后。"由江南而浙而豫而粤东南，归程则从桂林省城而楚而豫而浙而江南，宛转一万二千七百余里。凡山川之灵秀，人物之丰美，土音风俗之不齐，以及崇岗峻岭，骇浪奔涛，幽岩绝壑之可惊可愕，鲜不接于耳而寓于目"，见识了名山大川，他愈加觉得古镇周庄的珍贵，所以不顾年迈，广为采辑，考其轶事，编纂成了《贞丰拟乘》。

据民国《吴县志》称，《贞丰拟乘》问世后，顾时鸣撰《甫里志》，沈赞撰

《唯亭志》，陈树谷撰《陈墓志》，陶煦撰《周庄志》，都是步章腾龙后尘的成果。章腾龙所撰的《贞丰拟乘》，在"沿革"中记述周庄地名的由来："周庄向属村落，自金二十相公南渡来此，稍为开阔。至沈万三父沈祐从南浔徙于东垞，始辟为镇……地为周迪功郎收获之后，故又名周庄。"在"庙守"中记载："全福寺，系迪功郎周君暨夫人旧址，周君邑乘失其名。"他还首次提出了"周庄八景"。一直到现在，我们仍在沿用着这些史料。我女儿在德国慕尼黑大学留学时，曾查阅到慕尼黑市立图书馆藏有《贞丰拟乘》，可见其影响之远。

"中国第一水乡"的由来

今天,"中国第一水乡"已成为古镇周庄的响亮品牌,举世瞩目。周庄确实也担当起了江南古镇旅游领头羊的角色。然而很少有人知道,"中国第一水乡"的称号,首先出自一位中国台湾人士之笔,是《经纬》杂志一篇文章的标题。传入周庄,被广泛引用,乃至被公众舆论所确认,与古镇悠久的历史文化积淀相吻合,也有一些特殊因素。

记得是1989年,一位朋友给我看一封台湾来信,说是有一个亲戚想来大陆探亲,因为是文化界人士,希望与我结识,或许还要得到我的帮助。不久,台湾客人王德琦果然来了,带着夫人和一双儿女。他除了探亲和观光之外,想做一件别人没有做过的事——将儿子留在大陆读中学。我感到惊讶和不解。犹豫了很久,终于鼓起勇气,帮助他找了教育局的领导。很快,王德琦先生的儿子办妥了一系列手续,以台胞暂住的名义,进了一所中学。老师特意将他与班长安排在一间宿舍。我陪王德琦去看了宿舍,条件是简陋的,但他觉得这对儿子的成长有好处。

王德琦比我略大几岁,毕业于台湾大学历史系。他说,他是民国三十七年抱在母亲怀里乘轮船从南京去往台北的。那时只有两岁,根本就不懂事。他在台大历史系的导师是铁杆的反对台独,他十分敬重导师,所以所做的事情,也很想为促进两岸文化交流而努力。他对台湾的教育现状很不满,有一阵甚至赌气把儿子关在家里,自己编了教材,给儿子上课。他说,他不愿像台湾流行的那样送儿子去美国,而是送到大陆来读书,生活条件肯定要差许多,可是学到的是中华传统文化,还避免受台北那些"小太保"的气,走这一步是值得的。

从此,王先生每年都要从台北经香港来回几次。他带去大陆出版的许多书籍,以及中青年画家们的作品。与台湾相比,那些东西的价格太便宜了,卖掉后,足以赚回儿子的生活费。他在台北开过画廊,当过报纸的主笔,也写过书,有一阵搞得挺兴旺。他在台湾的《雄狮美术》和《世界论坛报》上介绍了几位画家的作品,也为我在报纸做了一个散文专版。

他的太太,一个身材姣小的女人,是在台湾本土出生的,家境很富裕。彼此熟悉了以后,她常常会问我很多奇怪的问题。比如,大陆家家户户都有洗衣机吗?真的也能买到塑胶袋?把很多双筷子伸进火锅,这样的吃法,难道不感到脏吗?来大陆时,她特意带了洗衣粉、面纸、塑料袋等很多生活必需品,惟恐用不够。后来发现一切都是多余的。

王德琦在台湾,是一个独立文化人。他有自己全力以赴的事业,有一次他见到我,就说要办一个杂志。1991年7月,他果然办起了《经纬》。这是一本地理文化杂志。这是他单枪匹马创办的,据说只雇了两个年轻人当助手。发行人、总编辑和主要撰稿人均由他担任。杂志印刷很精良,而且是半月刊,向全球发行。

周庄双桥

1991年的第三期上，刊登了一篇文章，题目是《中国第一水乡——周庄》，署名"吴童"。吴童、北固、白下、隐仕都是王德琦的笔名，从中不难看出他对江南故土的热爱。文章是我陪他们全家去水乡古镇周庄旅游后的产物，写得很有特色。

他说："江南以水乡之美冠于全中国、闻名于世界，苏州、绍兴等地较为著名……然而，真正最具江南水乡特色的小镇：周庄，台湾知道的人可能不多。"

在描绘了古镇宁静如水、古朴幽雅的风情后，他又说：

> 周庄快要同现代文明连接上了：上海市当局已有计划要同周庄合作，开发为观光旅游重点，由上海市直接运载观光客赴周庄。将来台湾海峡两岸直航以后，由台北坐飞机直航上海，下机后坐汽车直驶周庄，那么不但台北的水泥丛林尘嚣压迫感，可以在一天之内甩到明式建筑水乡之外，"莼鲈之思"也可以在廿四小时之内满足……

这一期的《经纬》杂志，王德琦寄给我两册。我把其中一册送给了时任周庄镇副镇长、旅游公司董事长的庄春地。他是周庄旅游的奠基人和实践者，很热情地接待过王德琦。看了王德琦的文章，他觉得这标题写得太好了。没想到，当我再次去周庄时，发现锦（溪）周（庄）公路靠近太师淀的入口处，建造了一个十分醒目的门楼，门楼上用红色字体赫然写着"中国第一水乡——周庄"。当时锦（溪）周（庄）公路尚未改道，进入古镇旅游的人们，在汽车上一眼就能看见这个门楼。紧接着，"中国第一水乡——周庄"的广告牌又赫然出现在北京新华社的大楼楼顶。

经过媒体传播，"中国第一水乡"为四面八方（包括台湾和香港、澳门）的人们所熟悉。王德琦关于"莼鲈之思"在廿四小时之内满足的预言，在两岸直航后，也实现了。

二十年间,"中国第一水乡"品牌不断深入人心,这无疑显示了周庄人的敏锐与机智。

王德琦先生的儿子读了高中,后来如愿以偿地考上了南京大学。毕业后没有回台北,留在了南京工作。《经纬》杂志大约办了一年,在铺天盖地的印刷读物市场上无法打开局面,最终使他栽了跟斗,亏空了很多钱,甚至把太太的私房钱都贴进去了。向大陆的朋友借的几万元钱,也迟迟无法归还。

2007年初,我参加一个教育代表团访问台湾。到了台北,我按照王德琦给我的电话号码,打了好几次,却都无法联系上。临走的那天清晨,在圆山大饭店,我再次拨了电话,终于接通了。这天我们准备参观"中正纪念堂",他家恰好离中山南路不太远,就约时间在大堂一角见了面。他告诉我,女儿最近结婚了,夫家各方面都不错,很令人高兴。在《经纬》停刊后,他曾经想创办一家出版社,但由于种种原因,难以如愿。我邀请他再去古镇周庄看看,"中国第一水乡"的旅游发展的势头一发而不可抑,知名度越来越高,他笑着点点头,可惜至今未能践约。

访曲

- 遗产永辉
- 曝书遗珠——朱彝尊手抄《长生殿》残本识小
- 本大者其枝茂——从《澜溪梁氏续谱》到《浣纱记》
- 曲家吴梅的呆与狂
- 笔底明珠无卖处
- 雅俗贵贱不分飞
- 不该丧失的原真
- 昆曲语境中的同性恋现象

访 曲

遗产永辉

《昆剧传世演出珍本全编》终于顺利出版了。整整十六函，一百六十册线装书，装进古朴典雅的深蓝色锦绫函套中，摆放在桌上，真可谓煌煌大观。我给顾笃璜先生打电话，告诉他最后六函书已如期送到，印刷质量不错，他感到很高兴，说这件事总算大功告成。"大功告成"，一句话有着无尽的含义。

为了这部书，我几次去往苏州阊家头巷26号。这是一个幽静的院落，被乾隆皇帝誉为"江南老名士"的沈德潜，当年就居住在这里，如今是苏州昆剧传习所所在。楠木步柱和青石鼓墩间，弥漫兰蕙之香。每次，顾笃璜先生总是读着报纸等我。很快，他的助手戚启民拎了一大堆资料气喘吁吁赶到。那些继字辈老艺人，则在北面的厅堂里排演。不时有人过来，请顾老师去指点。

我们的合作进行了一年多。或者是我们去苏州，或者是他来昆山，反复商谈如何促成《昆剧传世演出珍本全编》的出版。顾笃璜说，昆剧是珍贵遗产，尽可能多地留给后人，是他最大的心愿。从上世纪50年代初起，他就开始搜集昆剧演出珍本，最近十几年，他和几位助手（包括女儿）认真整理、校勘、打印那些稿本，做出版的准备工作。他们从徐凌云先生的《慕烟曲谱》、李翥冈先生的《同霓裳羽衣曲谱》、《犹古轩曲谱》以及苏州顾氏过云楼旧藏曲本中，选录出1431折，编成十六函一百六十册，几乎把能够搜集到的明清以来的剧本和曲谱都聚拢了。应该说还有少量剧本有待搜集，将来可作补遗，但已远远超出了《昆剧全目》抄本。《昆剧全目》抄本是清嘉庆年间内廷供奉的陈金雀之祖传藏本，收录清代中叶盛行于舞台的昆剧剧目1298折。

昆剧传统剧目包括宋、元、明、清的作品，既有昆剧兴起以前的古典剧本，又有昆剧兴起以后专为昆腔而写的新作，文学剧本数以千计。而从案头文学经二度创作转为场上艺术时，又经历代昆剧演出者的加工，形成了有别于文学剧本的

《昆剧传世演出珍本全编》书影之一

舞台演出本。顾笃璜先生半个多世纪来尽心搜集、校勘的,就是演出珍本,宾白、曲词、宫谱俱全,搬上舞台就能演。这部书,对于研究昆剧文学剧本的创作于演变,研究昆剧的表演艺术、声乐与器乐乃至舞台美术,传承昆曲这份"人类口述和非物质遗产",具有不可估量的价值。

然而,凭一位耄耋老人的力量,要出版这样的一部大书,谈何容易!几年前,顾笃璜先生曾经得到一位台湾热心人士的资助,出版了两函。他去扬州邗江古籍印刷厂,亲自指导工人如何设计,如何装订。但终因经费不足等因素,无以为继。顾老拿出了自己的私人积蓄,作为抄谱、打印和校勘的开销花费。一只牛皮大信封里,塞满了各种各样的发票。邗江古籍印刷厂那儿还欠着账,迟迟不能结清。进退维谷时,幸而得到了昆曲发源地——昆山市有关领导的全力支持,才起死回生,重又顺利推进。昆山文广新局局长赵红骑给予高度重视,经请示市政府和市委宣传部领导同意,确定出版计划，并落实了经费。2011年5月16日，昆山举行了以"昆曲韵·故乡情"为主题的纪念中国昆曲艺术列入人类口头和非物质遗产代表作十周年活动，《昆剧传世演出珍本全编》第一编五函，先期和与会专家学者见面，获得了很高的评价。

回想起来，整个出版过程得到了各方面的大力支持。顾笃璜先生凭个人魅力，很早就延请原中国文联主席周巍峙先生题写了书名，延请昆剧传字辈老艺人倪传钺、王传蕖、吕传洪以及苏州、昆山的几十位学者、艺术家和书画家周梦白、张充和、俞振飞、曾永义、瓦翁等人分别题写了剧名签条，所有的人都无偿提供服务，这给整套书增添了很高的文化含量。这些人中有的已经作古，便更有纪念意义。

扬州邗江古籍印刷厂是一家规模不大的企业。出于对昆曲的敬重，在出版项目受挫时，仍妥善保存尚未装订的纸页。一旦项目再次启动，又不顾酷热寒冷，加班加点、一丝不苟地完成印刷任务。

当然，投入精力、物力、财力最多的，毕竟是顾笃璜先生和他的助手们。记得2011年初春，我去平江路戚启民家取文稿。在一片保留明清风貌的老街区里，转了几个弯，才找到他偏狭的居所。用家徒四壁来形容，并不确切，除了狭窄的板床和电饭煲热水瓶，尚有许多像砖头那么厚实的藏书。戚启民从六岁起就听父亲吹奏曲笛，迷恋昆曲，却因患先天性心脏病，终身未婚，母亲离世以后，更是孤独一人。"文革"中，闭门读书，钻研诗词昆曲。如今论年龄尚六十出头，却白发苍颜，嘴角干瘪，一口牙齿全都松动了。然而，从工厂病退的他偏偏执迷不悟。他一边走一边告诉我，一个"范"字，繁体该怎么写？在百家姓中是不存在繁体的。只有在表示"模范"、"示范"、"师范"时，才应该用作"範"。诸如此类的问题，每天都会碰到，弄错一个字心里都很难受。

在扔一块砖头能砸到三个百万富翁，一幢别墅价值几千万乃至上亿元的时候，像他这样的清寒，已属罕见。站在寒风里，我想安慰他几句，可怎么也找不到合适的词汇。或许，最好的办法是设法尽快完成《昆剧传世演出珍本全编》。

顾笃璜先生出身于苏州望族，遐迩闻名的"过云楼"就是顾氏先祖创立的。上海博物馆的青铜器和书画、南京图书馆的古籍善本、苏州博物馆的昆曲资料，顾氏家族的捐赠占了很大分量。有人说，过云楼藏品撑起了上海博物馆的半壁江山，这句话毫不为过。他们家甚至还捐出了苏州古典园林——怡园。顾笃璜给自己的书斋取名"过愚堂"，将匾额挂在了传习所里，不难看出他的谦逊与智慧。他年少时学过西洋画和篆刻（2010年还印了一本篆刻作品选），读过戏剧，当过文化官员，创办了苏州昆剧团，最醉心的毕竟是昆曲艺术，视之为生命，五十年如一日导之演之，从未懈怠，还出版了好几种研究专著。

他以平静的语气告诉我，20世纪二三十年代培养的传字辈，会演昆曲500出，到了继字辈和承字辈，会演253出，而今天的青年演员，只会演屈指可数的几折了，哪怕他们可以十分荣耀地获得"梅花奖"。遗产的流失，还在其他细节方面。演员阵容的强大和舞台装置的豪华，是难以掩盖这些的。而他，宁愿恪守"出将入相"、"一桌二椅"的程式。他不反对革新，但始终强调原汁原味，舍不得丢掉最好的传统，千方百计地留下传世珍本与音像资料。

是的，被誉为"百戏之祖"的昆曲，阅尽世事沧桑，几经兴衰，始终在流行与失落、高雅与凡俗之间游走。昆曲被列入世界文化遗产十一年了，如何抢救、保护、利用，仍然是摆在我们面前的一大难题。

有人称顾笃璜是"江南最后一个名士"。在他之后，不可能再诞生第二个顾笃璜。我觉得，在这个世界上，有几个人能像他这样，八十好几岁了，仍然心静如水，意无旁骛，年复一年地沉醉于毕生钟爱的事业？名利早已如浮云，偶尔的，会对昆曲世相提一些批评，让人感觉宝刀锋芒。这恰恰是他的可敬可爱之处。

借天时、地利、人和之便，《昆剧传世演出珍本全编》得以顺利地问世。

访　曲

《昆剧传世演出珍本全编》书影之二

这无疑是昆曲传承史上的一件大事。按理说，根本轮不上我置喙半句，可我作为一个后期参与者，作为一个最早读到这部大书的人，仍不由自主写了上述这些文字。我想，我们接下来要做的事，是把这部书读好、用好，让它发挥应有的作用，千万不能束之高阁。遗产永辉，并不仅仅是一个良好的祝愿。

曝书遗珠
——朱彝尊手抄《长生殿》残本识小

昆曲专家顾笃璜先生日前向昆曲故乡昆山市赠送了几件藏品，其中包括朱彝尊《曲抄残本》。作为经手人，我有幸见识了这部既有罕见文物价值又有重要研究价值的抄本。顾笃璜先生告诉我，抗日战争胜利后，他们家从上海迁回苏州，某一天，他到护龙街（今人民路）逛旧书店，无意中发现了这部书。书已严重破损，但是文字基本完整，且很清晰。他如获至宝，买回后，延请高手修补装裱成

《长生殿》插图

两册，保留至今。算起来，已经有六十多年了。

装裱过的《曲抄残本》，首页题有"曲抄残本秀水朱竹垞抄本"一行字，与内页楷书、行书完全不同，比较稚拙，似乎是伶工所写。也有可能是收藏者补写。内页书法则娴熟工整，具有深厚功力，且为一人所书。书页中有三处分别钤有"朱彝尊印"、"竹垞老人"印章。我核查了朱彝尊印章资料，两方印章均与李升淀山送别图卷题跋（清康熙四十六年，1707年）上的一模一样，可作佐证。此时，朱彝尊已经是年届古稀了。

残本中收录《长生殿》定情、赐盒、絮阁、疑忏、鹊桥、密誓、小宴、惊变、埋玉，《西厢记》游殿、激僧、寄柬、跳墙、佳期、拷红，《西楼记》楼会、拆书、玩笺、错梦，《翠屏山》反诳、杀山等出，均附有工尺谱。抄本每页四行，对白字体略小，密排，曲牌名和唱词、对白都用朱笔仔细圈点，可见抄写者很用心。

我拜读了《曲抄残本》中的《长生殿》，并与手头的几个文学版本作对照，发现有多处不同，耐人寻味。顾笃璜先生说他与《缀白裘》（演出本）比对，也发现有不少相异之处。抄本的唱词个别文字有所不同，或所标曲牌不同，或多了一段，少了一段。每一出戏的末尾按例荟录的四句诗，抄本上均不见。这里略举几例：

《絮阁》：【北出队子】中，传本作"只怕悄东君偷泄小梅梢，单只待望着梅来把渴消"，抄本作"俏东君心偏向小梅梢，只待望着梅来把渴消"。无疑"俏东君"更为传神；【南滴溜子】中，传本作"请暂返香车图个睡饱"，抄本作"请暂返香车容我睡饱"。"图个睡饱"似时贩夫走卒的口吻，与唐明皇不符；【北刮地风】中，传本作"虽则是蝶梦酣鸳浪翻春情颠倒"，抄本作"虽则是蝶梦余鸳浪中春情颠倒"；【北四门子】中，传本作"只怪他明来夜去装圈套，故将人瞒的牢"，抄本作"只怪他两边儿串就装圈套，故将人瞒的牢"。尽管是寥寥几字，仔细辨咂，我们不难看出抄本的文字比传本更生动形象，也更符合人物性格特征。

值得一提的是《惊变》一出中,生角(唐明皇)唱曲牌【北斗鹌鹑】:畅好是喜孜孜驻拍停歌,喜孜孜驻拍停歌,笑吟吟传杯送盏。妃子干一杯。(作照干介)不须他絮烦烦射覆藏钩,闹纷纷弹丝弄板。(又作照干介)……在这下面,抄本多出了一段对白:"这厮恁毁嗳菩萨,那厮恁便毁嗳菩提。向人前没个道理,嗳嗑唻哞唻……(一连串象声词,下略)那莽当郎响装得再□时便休怎的再来时便休怎的。接下去,生角(唐明皇)命宫娥们取金斗过来,给贵妃斟酒。贵妃白:臣妾不能再饮了。宫娥仍然劝酒。生角(唐明皇)继续唱【北斗鹌鹑】我这里无语持觞仔细看,早只见花一朵上腮间。(旦作醉介)妾真醉矣。(生)一会价软哈哈柳軃花欹,困腾腾莺娇燕懒。

抄本多出来的这一段,似乎是表达了生角(唐明皇)醉酒时含含混混的说话状态,在舞台上演出,当有很好的

《长生殿》剧照

效果。

顾笃璜先生认为，朱彝尊所抄的剧本，既非当时的舞台演出本，亦非洪昇所作《长生殿》的最后定稿本。那么，究竟是一个什么稿本呢？能否推测是朱彝尊在抄写时，觉得原作虽为经典，在某些方面依然不尽如人意，忍不住动手为之增色呢？

以《长生殿》而使得自己成为中国古代戏曲代表作家之一的洪昇，先是以诗词闻名于世。他曾拜著名诗人王士禛、施闰章为师，朱彝尊、毛奇龄、吴仪一、查慎行等都是他的诗友，彼此交往甚多。康熙四十年（1701年），身为诗坛领袖的朱彝尊游杭州，与洪昇久别重逢，欣喜之情，无以言表。朱彝尊写了一首《酬洪昇》诗："金台酒坐襞红笺，云散星离又十年。海内诗家洪玉父，禁中乐府柳屯田。梧桐夜语词凄绝，薏苡明珠谤偶然。白发相逢岂容易，津头且揽下河船。"诗中的"梧桐夜雨"，便是指洪昇的代表作《长生殿》。

洪昇创作《长生殿》，十余年间曾三易其稿，对剧本主题、人物、情节不断酝酿、提炼、修改，使之成熟。第三稿为最后定本，他意识到"情之所钟，在帝王家罕有"，并为白居易《长恨歌》和白朴《梧桐雨》中李隆基、杨贵妃的爱情故事深深打动，去掉了李泌辅佐肃宗中兴的情节，吸取唐代"玉妃归蓬莱仙院、明皇游月宫之说，因合用之，专写钗合情缘，以《长生殿》题名"。

康熙二十七年（1668年）《长生殿》一经问世，便引起朝野轰动。"一时朱门绮席，酒社歌楼，非此曲不奏。缠头为之增价"（《长生殿·徐麟序》）。"内聚班"因为上演《长生殿》，获得了极大收益。可惜好景不长，第二年就发生了在佟皇后国丧期间演出《长生殿》的事件，洪昇被革掉国子监生，永远不得做官，听戏的很多官员如赵执信、查慎行等也都罹祸。朱彝尊因为在场听戏，也受到牵连。

坊间罕有朱彝尊抄录昆曲剧本的记载，《曲抄残本》也许是偶然所为。但从他与洪昇的交谊，从《长生殿》抄本与传本的异同，不难猜想他对这部作品的挚爱。

　　朱彝尊从十七岁起潜心于读书、游历和收藏图书，一度几乎到了无书可读的地步。康熙十八年(1679年)，他五十岁那年，才以布衣之身举博学鸿词科，授翰林院检讨，参与纂修《明史》。后来充任日讲起居注官、江南乡试副考官，入直南书房。撰有《经义考》、《日下旧闻考》、《曝书亭集》、《曝书亭词》，编有《明诗综》等。

　　朱彝尊十分喜欢抄书。在京师为官时，身边带着一些善于楷书得小吏为他抄书。每抄成一书，他都详加校正。对于不同版本的图书的抄校、更是一字不苟。例如所编得《明诗综》一书刻版竣工后，自己亲自校对了两遍，又把书稿分发给许多人校对，并且规定，不论是谁，每挑出一个错字，就"赏给百钱"。遇到四方经进史馆之书，他更是随时抄录。由于偷抄史馆藏书，为妒忌者告发，被撤去翰林检讨的官职。朱彝尊毫不后悔，作铭文曰："夺弄七品官，写我万卷书，或默或语，孰智，孰愚？"

　　康熙二十九年(1690年)，六十一岁的朱彝尊重又复官，但是他不久就以病老告归，在老家秀水(今嘉兴)建起了曝书亭，继续收书、读书，潜心治学。曝书亭藏书很快由三万卷增加到了八万多卷。许多藏书首页上，印有这样的印章："购此书，颇不易，愿子孙，勿轻弃"，可见他藏书的艰辛和决心之大。

　　朱彝尊逝世后，曝书亭藏书比较完好地保存了几十年。后来，不幸儿子早夭，孙子因家境贫困而将藏书变卖，大约于清乾隆中叶开始散失，曝书亭也在漫漫岁月中夷为平地。朱彝尊《曲抄残本》是如何从嘉兴流转到苏州、昆山，我们今天又该如何对剧本的修改、流布作深入研究，却仍然是一个有意思的课题。

访 曲

本大者其枝茂
——从《澜溪梁氏续谱》到《浣纱记》

昆曲界对梁辰鱼的了解,大多依赖于《梁辰鱼年谱》、《梁辰鱼集》及其附录,以及张大复的《梅花草堂笔谈》。徐朔方先生《晚明曲家年谱》中的"梁辰鱼年谱",详细分析了梁辰鱼作品具体的创作年代,以及他的生平活动,是十分珍贵的梁辰鱼研究资料。明代文学家张大复家住昆曲发源地昆山片玉坊(今南街),那儿是词曲家和优伶的聚集之地,与梁辰鱼借住的石幢弄近在咫尺。张大

《浣纱记》插图

复四十岁后因青光眼成了盲人，但"笔谈"中关于梁辰鱼（字伯龙）的几则十分生动。

最近，文化界人士发现了一部《澜溪梁氏续谱》。《澜溪梁氏续谱》分上下两册，为清道光年间手抄本，有一些修改补充的笔迹，外界未见流传。这为研究梁辰鱼身世和撰写传奇《浣纱记》的缘由，提供了一份比较重要的资料。

《续谱》首先是梁氏后代姻亲潘道根的序，落款时间为"道光己酉夏五月"。这大概是《续谱》成书的时间。同时收录了明代著名藏书家叶盛为梁家先祖梁文著写的记，明朝著名宰相、昆山人顾鼎臣为梁家先祖梁纨写的墓表，《昆山志》编写者、进士方鹏为梁家先祖梁鸣鹤写的墓志铭、以及明代著名昆曲评论家张大复为梁家先祖梁鸣鸾写的《梁公传》、为梁辰鱼写的《伯龙梁先生人物传》，以及介绍梁辰鱼的曾孙梁逸民的人物传等。这些文章详细介绍了梁氏自元代迁往昆山后历代宗族发展延续的情况，是研究梁氏家族的可信史料。

潘道根通晓诗文经史、音韵训诂，以教书行医为生，有《昆山诗征稿》、《昆山艺文志考》、《隐求堂日记节要》、《晚香书札》等大量著述。在序言中潘道根说："梁氏自元时有　仲德者，官昆山州同知，由开封定居于邑之澜漕，世有令德，簪缨相继。与叶文庄、顾文康两家为婚姻。自元迄今四五（百）年。入国朝未有仕者，而诗书之泽不替。原（源）远者其流长，本大者其枝茂，古有是言。"

澜漕，又名澜溪，俗称梁家宅基，水乡风貌犹存。村民以梁姓为主，且历来擅长于奏笛拍曲。从潘道根的序不难看出，梁家原有旧家谱，毁于兵燹。清乾隆年间，梁氏后裔梁凤岐把毁坏的家谱重新整理。道光年间，梁氏二十一世孙梁海，伤感家谱失修，在旧谱的基础上补充了志铭记传之类，取名《澜溪梁氏续谱》。梁氏后裔续写家谱的原因，自然是为了"述祖诵芬"。

叶文庄，即叶盛，昆山石浦人，明朝正统十年（1445年）进士，授官兵科给事中。后擢为山西右参政，兴利除弊，政务清明，累官至吏部左侍郎，卒后谥号

"文庄"，称"文庄公"。叶盛性节俭，好藏书，积攒藏书四千六百余册，共二万二千七百多卷，为江苏藏书之首，编有《菉竹堂书目》六卷。正统年间，梁辰鱼六世祖梁昱（文辉）是太学乡贡进士，任山西平定州知州。梁昱和叶盛是昆山同乡，都在山西做官，所以来往很多，乃至结成姻亲，叶家的女儿嫁到梁家为妇。

顾文康，即顾鼎臣，明弘治十八年（1505年）状元，官至礼部尚书、文渊阁大学士，最后做了宰相。顾鼎臣是昆山雍里人，明代朝廷中三朝元老，在江南一带的影响很大。东南赋役不均，因得其力有所改正。昆山原来没有城池，他力主以砖石建造，历时一年三个月完成，有效地抗击了倭寇入侵。死后谥"文康"，为享誉朝廷的重要宰相。梁家与顾家这个世家大族联姻，对于门庭中兴的作用不难想像。所以，潘道根要用"原远者其流长，本大者其枝茂"作比喻。

如果说记、传、墓志铭等等反映了梁氏家族的社会背景，那么从《澜溪梁氏续谱》中，我们可以详细理清梁氏家族兴衰的脉络。梁辰鱼的曾祖梁纳有七个儿子，都以"鸣"排名取字。正室周氏生鸣凤、鸣鹤，继室陈氏生鸣鸾、鸣鹏，妾金氏生鸣鸥、鸣鹄、鸣鹇。鸣鹤生有三子，二子梁介，即梁辰鱼的父亲。因为鸣鹏膝下无子，梁介出嗣为鸣鹏后，因此梁辰鱼成为鸣鹏的孙子。《澜溪梁氏续谱》有梁辰鱼的名字和谱系。梁鸣鹤的长子梁金有儿子叫懋先，是梁辰鱼的从弟。吴书荫先生汇集的《梁辰鱼集》中，收录有几篇梁辰鱼写给从弟懋先的诗文，可以互为印证。

梁辰鱼是梁氏家族中的一位特殊人物。年轻时，他就把科举看得非常淡薄，以为"一第何足轻重哉"。功名自然也与他无缘，终其一生不过是一个靠捐资获得的太学生而已。然而，梁辰鱼呕心沥血于水磨腔，他的《浣纱记》成为昆曲压倒弋阳、余姚、海盐三腔，继而走向全国的代表性作品。梁辰鱼和他的《浣纱记》影响深远，直到今天舞台上还不断移植演出。

那么，梁辰鱼为什么要写昆剧开山之作《浣纱记》，从《澜溪梁氏续谱》能否找到一点答案呢？回答应该是可能的。

首先，《浣纱记》是"借男女离合之情，抒国家兴亡之感"，梁辰鱼则是借昆曲艺术改革，实现自己的远大抱负。

《澜溪梁氏续谱》告诉我们，梁氏家族本出自河南大梁。元季时，梁氏先祖有个叫孔彰者，为梁辰鱼十二世祖，曾担任重庆府同知。孔璋之子仲德，为梁辰鱼十一世祖，任昆山州同知，后迁任桂阳府通判。梁氏家族正是在梁仲德担任昆山州官时，迁居到澜溪定居的。十一世祖仲德之后是梁泽民，为梁辰鱼十世祖，他担任婺州路经历。进入明朝之后，梁泽民的儿子梁国用，担任陕西大谷县主簿；国用儿子梁镛，担任四川万县主簿；梁镛之子梁栋，没有当官，但是他的儿子梁昱，担任山西平定州知州。梁昱的孙子梁纨，为梁辰鱼四世祖，官封六品朝廷大员，后晋升平定公，进阶奉直大夫，为朝廷从五品。显然，梁氏家族在昆山，完全称得上是钟鸣鼎食之家，世代簪缨之族，正可谓"原远者其流长，本大者其枝茂"。

然而，梁纨之后，梁氏家族开始走下坡路。梁辰鱼的父亲梁介只做了平阳训导——相当于现在的教育局长，从九品以下了。

与众不同的家庭使梁辰鱼较早领略传统文化的美好，家道中落又使他洞悉了世态炎凉。这在很大程度上，左右着戏剧家对题材的选择和对历史的阐释。梁辰鱼常常会有"慷慨忧生之感"。然而，他并非庸碌之辈，也很想做一番事业。自号"少白"，就意味着他想如诗仙李白一样，走出一条不同于一般读书人的道路。嘉靖三十二年（1553年），梁辰鱼像很多读书人一样，开始了漫游生活，足迹遍布吴越、荆楚和齐鲁。嘉靖三十七年（1558年）他去应顺天府乡试，想"览观天下之大形胜，与天下豪杰之士上下其议论，驰骋其文辞，以一吐胸中奇耳"。事实上，他无法走通仕途，胸中远大的抱负只能寄托于笔下的勾践、伍员、范蠡，"看满目兴亡真惨凄，笑吴是何人越是谁？"以苍凉而沉重的王朝兴衰之感，来唤醒当朝统治者。

其次，有深厚文化教养的人才，往往出现在富有积累的世家子弟之中。家族对于文化性格的形成，具有独特的意义。

关于梁辰鱼的性格，史料如此记载："身材伟岸，疏眉虬髯，性格放荡不羁，任侠好游，足迹踏遍吴楚；好谈兵习武，虽以贡生入太学，但无意科举；家有华屋，接纳四方奇士英杰，结交戏曲名家。"明嘉靖三十二年（1553年），年逾四十的梁辰鱼被聘为浙江总督胡宗宪的书记。刚想实现自己立功报国夙愿，孰料胡宗宪被劾逮问，总督府因之撤销，梁辰鱼只好回到阳澄湖畔，悉心研习昆山腔。他用昆山腔创作的《浣纱记》，一经出现在舞台，街头巷尾便四处传唱，许多优伶倡女都想前来拜他为师。他不谀权贵，却宁肯和剑侠力士、和尚道士交往。有一次尚书王世贞、大将军戚继光专程前往他家拜访，他竟于楼船箫鼓中仰天长啸，旁若无人。

《澜溪梁氏续谱》有顾鼎臣为梁辰鱼四世祖梁纨写的墓表："……年未六十乞致仕归，日与乡士大夫宴乐文酒，辟园池亭榭以自娱。闲居游适，无拘于固，无流于驰，有古良士之风。"梁辰鱼的性格与他一脉相承。

《续谱》还收录了叶均禧写的《逸民梁先生人物传》一文。梁逸民性格文采，有梁辰鱼之风。梁逸民也喜欢和文人唱和诗作，喜欢游历，而且有自己的诗集。为人性格孤傲，节操高尚。梁逸民还擅长篆刻，而梁辰鱼当年也是书法名家。

可以说，梁辰鱼的《浣纱记》不仅仅是他的作品，也是整个梁氏家族文化性格的产物。

第三，用"昆山—中州音"演唱昆曲，既是为了突破方言局限，也体现了梁辰鱼的认祖归宗。

昆山腔最初是用昆山方言吟唱的典雅之词，流传的范围并不大。后来，魏良辅在女婿张野塘的帮助下，"啭喉押调、度为新声"，选择了昆山官话（"昆山—中州音"）——一种以吴侬软语为基础的复合型语音，使昆曲走向广阔的空间。但魏良辅仍停留在"清唱"阶段。

魏良辅的学生梁辰鱼，青出于蓝而胜于蓝，不但精通乐理，而且能编写传奇。他以创新的昆山腔创作的《浣纱记》，才真正使"昆山—中州音"在舞台上的演唱成为现实。据明末清初徐石麟《蜗亭杂订》记载，《浣纱记》演出后"梁伯龙……为一时词家所宗，艳歌清引，传播戚里间。白金文倚，异香名马，奇技淫巧之赠，络绎于道。歌儿舞女，不见伯龙，自以为不祥也。……所作《浣纱记》，至传海外"。

梁辰鱼积极推行"昆山—中州音"，除了中州音是当时的官方语音，还因为他的先祖来自河南。这种文化认同是源于血脉的。在音韵方面，他比魏良辅有更多的优越性。

当然，梁辰鱼毕竟自幼生活在阳澄湖畔的昆山，受到了细腻委婉的江南风物滋养。他的《浣纱记》文辞典丽华美，《游春》的飘逸、《通嚭》的活泼、《捧心》的深情，《别施》的哀伤，《采莲》的清新，《死忠》的悲壮，《思忆》的苦楚，《泛湖》的潇洒，无不体现水磨腔的功力。以致涌现出一批专门醉心于文辞典雅的剧作家，包括郑若庸、张凤翼、梅禹金、许自昌和屠隆等，被称之为"昆山派"（骈俪派）。

曲家吴梅的呆与狂

近日读到吴梅的《风洞山传奇》（民国二十七年中华大学图书公司出版）。这部戏，以南明瞿式耜抗清殉国故事为主线，把虚构的爱情故事交织在真实的历史事件之中，情节丰富而生动，在晚清曲坛堪称凤毛麟角。自署"呆道人"的吴梅在《例言》中，对自己的作品有如此评述："九宫旧谱，音律虽精，而字句陋俚，不堪卒读。学者按谱填词，此种文字容易揽入笔端。余力避其艰涩粗陋处，一以雅正出之。故通本词意浏亮，无吹折嗓子之诮。后有作者可以为法。"毫不谦虚令后人师法，吴梅很狂。还有比这更狂的："《桃花扇》行世后，顾天石为之删改。《长生殿》行世后，吴舒凫为之删改。率皆流誉词林，传为美事。顾此本行世，雅不欲人之涂抹我文字。大雅君子恕我狂也。"别人删改《桃花扇》、《长生殿》是美事，他的文字却不允许涂抹。

吴梅的狂，并不从《风洞山传奇》的写作开始。少年时代，在与朋友聚会喝茶闲谈时，吴梅便激动得"手拍案，足踏地，时而笑骂，时而痛哭"。可以想见他的内心始终有一股喷涌的激情，迫不及待地要倾诉。十五岁时，读了宋人姜夔、辛弃疾的词和元人王实甫的《西厢记》、高明的《琵琶记》，"心笃好之"，他开始填词作曲，受到师友们的称赞。二十来岁时作《风洞山传奇》，他向苏州同乡俞粟庐先生学唱曲和谱曲，一起切磋艺事，完全不顾昆曲已经呈现颓势。此后，甚至成为第一个把民间艺术昆曲带入大学课堂的教授。

有个故事说，30年代吴梅任教于南京中央大学。学校走廊里有沙发专供教授休息。一次，章太炎弟子、教授黄侃见吴梅坐在沙发上养神，不无调侃地问："你凭什么坐在这里？"吴梅理直气壮地答道："我凭元曲。"其实，吴梅凭的是深厚的学养与自信。有"黄疯子"之称的黄侃曾经讽刺过曲学为小道。有这种观念的，当时还不止是他。在吴梅被北大国文系延揽教戏曲时，就受到其他教授乃至报章的嘲笑，认为北大不研求精深有用之学。后来，是陈独秀振臂一呼，力辩元曲不是亡国之音，给了吴梅有力支持。尽管当时戏曲教育仍属末流，吴梅独步一时的曲学理论，最后终究成为屠龙之技。

吴梅的一生，仅有五十五年。这位集著曲、度曲、藏曲、唱曲、教曲于一身的大师，先后在北京大学、东南大学、中央大学、中山大学、光华大学、金陵大学任教授，弟子中既有名教授大作家又有梨园界的大师，可谓桃李满天下。今天，我们提起朱自清、田汉、郑振铎、齐燕铭这些名字，都如雷贯耳。可是他们见了吴梅，却要鞠躬称老师。著名京剧表演艺术大师梅兰芳和俞振飞，见了吴梅也要称先生。他的狂，有着十足的理由。

《风洞山传奇》定稿于1904年。当时帝国主义列强侵略中国，清政府腐败无能，国家危在旦夕。吴梅将众多人物的关系和矛盾冲突交织成丰富曲折的情节，最后以"战场空，情场散"，国破家亡为结局，更增添了浓重的悲剧气氛。为了这部传奇，"呆道人"殚精竭虑，"穷日之力仅得二三牌。而至艰难之处……往往一字一音至午夜而仍未妥者……"

> 胡儿大哭，汉儿大笑，卷起大风潮。依仗着回天手段，驰铁马，舞金刀。髑髅乱掷东华道，把旧日的腥膻尽扫！中原，你从此是风光好，中原，你从此是文明了。

这首【越恁好】，是特定历史条件下作者真实情绪的写照，恰是他狂之所在。

吴梅谈诗的两封信札

一个偶然的机会，见到了吴梅写给曹君直的两通信札。差不多一百年过去了，三页八行笺已经泛黄，边沿略有损坏，但是字迹十分清晰，着实令人珍爱。

信札文字不多，转录如下：

吴梅致曹君直函之一

　　承邀看竹,晚明日适有沪上之行,缘校中有事商酌,大约须初八归舍也。大著《莲花白词》尚希写示。昨日听之未真,顷才修改旧作,须大著为榜样耳。

　　专此奉复,即请君直我师词长午安。

　　　　　　　　　　　　　晚 梅顿启 初五

在这封信后,另有一纸,抄录了吴梅当晚写的一首词,并有附言:

鹧鸪天 君直斋中饮莲花白与讴尹师同赋

泽国幽香琥珀浓,黄封分出水晶官。携将汉殿金茎露,酌遍山家碧玉筒。秋瑟瑟,夜蒙蒙,觥船一棹百忧空。梦华谁续东京录,拼得浮生付醉中。

旧词末二句今已改易,惟尚不惬意。明日讴师造府时,希再推敲。晚初八归舍后当踵门求益也。

此上 凌波词长先生史席

晚 梅上 初五夜

吴梅词及附言

信中所提到的君直、凌波，均为曹元忠先生的号。曹元忠（1865—1923），字夔一，号君直，晚号凌波居士，江苏吴县（今苏州）人。清光绪二十年（1894年）举人，曾经参与"公车上书"。屡次应进士试和经济特科试，皆不遇。后来捐内阁中书，历任内阁侍读、资政院议员等职。民国后，赋诗作词赏园拍曲，以遗老自居。

曹君直曾遍览皇室及翰林院藏书，学问渊博，熟悉《三礼》、医学，尤其擅长诗词，著有《凌波词》、《云瓿词》。家中所藏宋元本书籍极多，且精于鉴别古籍，四方名人常常以善本请其鉴定，曹君直考其源流，爬梳剔抉，撰为题跋，享有盛誉。

吴梅（1884—1939），也是苏州人。他一生致力于戏曲及其他声律研究和教学。主要著作有《顾曲麈谈》、《曲学通论》、《中国戏曲概论》、《元剧研究》、《南北词谱》等，作有传奇、杂剧十二种，培养了大量学有所成的戏曲研究家和教育家。

信的末尾没有注明年月，但是从内容可以推测，吴梅很诚恳地以曹君直为师，时而登门造访请教，估计是在民国初年。吴梅日记载："二十八岁，为宣统辛亥，是年清亡。自以先世重望，不敢妄希仕进，南北授徒，聊以糊口。"《吴梅年谱》载，吴梅三十岁"赴上海民立中学任教。作《顾曲麈谈》。《落茵记》在《小说月报》第四卷第一期刊出。秋，偕吴翰城登昆山，拜刘龙洲（即宋代词人刘过）墓，一日而返，作《吊刘龙洲三绝句》。秋，据孟称舜《娇红记》改作《绿窗怨记》传奇四十折……"

莲花白，是一种家酿的白酒（甜酒），色泽犹如莲花一般莹白，由此得名。吴梅和曹君直等人聚会时，畅饮了莲花白酒，曹君直又以莲花为题作词，令吴梅深感钦佩，在修改自己的词作时，"须大著为榜样"——这是青年吴梅的谦恭，却也不难看出曹君直词作对他的影响。

吴梅给曹君直的第二封信，原文如下：

日前偕绥成造府，知先生患牙疼，想近已复原矣。葱石有一书属转达，兹特寄呈。日来放杨枝已卒业，正做扬州梦事。适值刘君子庚来苏，只得搁置数日，子庚明后日当访公畅谈也。《词林摘艳》大跋能速见否？

专此上　君直先生左右

晚　吴梅顿启　六月二十晨

从内容看出，这封信是在若干天以后写的。其间，吴梅不止一次偕朋友造访

吴梅致曹君直函之二

曹府，讨教诗词。曹君直患牙疼，吴梅悉心问候，并介绍朋友刘子庚前往曹府，与先生畅谈。并催促先生为《词林摘艳》所作的跋言。由此不难看出，吴梅与曹君直之间的往来很密切。他不仅对先生很敬重，也流露几分亲昵。

事实上，这位"近代著、度、演、藏各色俱全之曲学大师"，已经崭露头角。自幼酷爱昆剧的吴梅，一边谋生，一边孜孜不倦地研究传奇杂剧的创作、制谱、演唱规律，并把研究成果毫无保留地"倾筐倒箧以出之"，年仅三十便著成《顾曲麈谈》。

1917年，正是在读过吴梅《顾曲麈谈》之后，主张以"思想自由，兼容并包"方针治校的蔡元培，邀请三十四岁的吴梅来到中国最高学府——北京大学，教授戏曲。吴梅的来到是划时代的。一向令人轻视的戏曲被搬上最高学府的讲台，让戏曲界人士为之振奋。

三十岁左右的吴梅，青春勃发，才华横溢，却又十分谦虚地向曹君直等行家求教。从这两封信，我们可以清晰地看出吴梅的好学精神。

笔底明珠无卖处

明代文学家张大复在他的《梅花草堂笔谈》中，谈及品茶之道，有这样一段文字：

> 世人品茶而不味其性，爱山水而不会其情，读书而不得其意，学佛而不破其宗，好色而不饮其韵，甚矣，夫世人之不善淫也！

这意思是说，世上的人品茶而不了解茶叶的品性，喜爱山水而不体会山水的意境，读书而不明白书中真意，学佛而不能参破宗旨，好酒而喝不出酒的韵味，真是太可惜了。世人不善于浸淫于所爱之中啊！读《梅花草堂笔谈》而不谙深意，怕也如徐渭徐青藤所说"笔底明珠无卖处，闲抛闲掷野藤中"。

《梅花草堂笔谈》共十四卷，上自帝王卿相，下至士庶僧侣，树木花草，飞

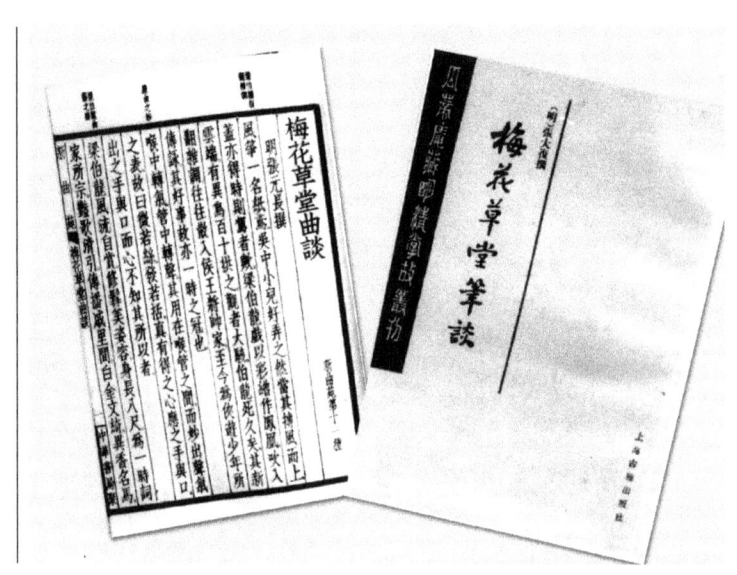

《梅花草堂笔谈》书影

禽走兽，尘世梦境，春夏秋冬，尽在笔谈之内，从中可以领略时代风貌和社会习俗，视角也颇为独特，却曾于清乾隆年间遭禁，大约由于蕴含的机锋刺痛了某些人的神经，只是我们已很难体味其复杂的背景。

"一鸠呼雨，修篁静立，茗碗时供，野芳暗度。又有两鸟咿嚶林外，均节天成。童子倚炉触屏，忽鼾忽止，念既虚闲，室复幽旷。无事此坐，长如小年"。这段文字，清晰地描绘出张大复在四十岁双目失明后独坐梅花草堂的生活状态，和他淡泊如水、甘于孤寂的心境。然而，只要是明珠总该熠熠闪亮，思想的芦苇每天仍咔咔地拔节而长，哪怕这位病居士的家一贫如洗。

细读《笔谈》，见卷二中，张大复记录了吴因之的一段话：

> 造谤者甚忙，受谤者甚闲，忙者不能造闲者之命，闲者则能定忙者之品。

他觉得，这也是至理名言。翻译成现代汉语，大致是：诽谤他人的人心里总在琢磨损人利己的勾当，终日惶惶不安，无法消停。正人君子每天只做该做的事，胸怀坦荡，内心安然。诽谤者看见别人比自己强，心里不舒服，忙着编造坏话去中伤别人，却不知道自己的人品已被闲者所评定。直到今天，这种现象依然四处存在。

张大复并不游离于尘世之外。关于金钱财富，他也有这样的记述：

> 西蜀某宦官按察，生五子，各立中下产，仅给馀粥，已身服御，亦绝不使有馀。既老寿，乃出生平所积奉羡，可万金，愿佐公帑之不给，吏告帑金不缩，亦无公事须助。宦乃请令穴废院而窖之，题石版云："还诸造物。"既百年，窖如故。

不理解这位宦官用意的人，肯定会觉得他太傻，好不容易积蓄了那么多金钱，为何不愿意传给子女，而偏偏要窖藏起来？他本来也想捐献给公家，公家却不接受。换了别人，或许要改变初衷，仍旧把财产分散给子女。但这位老兄见了那笔无处可放的金钱，竟好似面对洪水猛兽，无论如何不容许留在子女手里，宁可"请令穴废院而窖之"。

其实，他是不愿意贻害子孙后代。金钱也是一柄双刃剑，没有它不能办事，太依赖它却会误事。很多富二代、富三代不能继承基业，开拓创新，成了败家子，这样的例子还少见吗？张大复记述西蜀某宦官窖藏金钱的做法，显然赞同他的远见卓识。这种境界，不是一般有钱人所能企及的。

张大复生活的明代，江南才子们的思想十分活跃，他们甚至以狂狷之态为美，以世人眼中的"癖病"为佳。张岱说："人无癖不可与交，以其无深情也。人无疵不可与交，以其无真气也。"自称为病居士的张大复则说："病则奇，奇则至"、"小病则小佳，大病则大佳"。其实，他们这样做，也出自"笔底明珠无卖处，闲抛闲掷野藤中"的心态，犹如山崖上的怪松奇树，虬枝逸生，却并非病态扭曲，而是透显傲然抗争的精神。

张大复曾在玉峰山文笔峰做过这样的趣事："予尝令童子裹核，投之文笔叠浪间，偶发一枝，辄为樵者拾以去，颇恨之。"用泥巴裹桃核扔在山坡上，让它们发芽，宋代诗人石曼卿做海州通判时，就这样做了。海州，即今天的连云港，有传说中的花果山。可那时山岭高峻，植树不易。有一天石曼卿突发奇想，叫人将黄泥巴裹着桃核一个个往山岭上扔。一两年下来，竟然桃花满山，烂若锦绣。张大复并非简单模仿。想当年，白居易曾有"人间四月芳菲尽，山寺桃花始盛开。长恨春归无觅处，不知转入此中来"的诗句，人生有多少回长恨春归无觅处，却又峰回路转，一片灼灼其华呢？

茶性曲韵润人生

昆山历来不出产茶叶，也不制作紫砂壶。但是昆山有稻米，有昆曲水磨腔，有不绝如缕的书香。生活在四百多年前的张大复，"贫不能享客而好客，不能买书而好读异书"。有时家里连烧粥的米都没有着落，却仍然沉浸在委婉的昆腔里。这位盲人文学家留给我们的《梅花草堂笔谈》，记述了大量昆曲史料，让今天的研究者绕不过去，而与茶、水、壶有关的，也有三十来篇，堪称资深茶人。你去茶文化网站看看，张大复的《试茶》、《茶说》，以及《饮松萝茶》、《武夷茶》、《天台云雾茶》、《天池茶》、《紫笋茶》等等，都贴在上面。可惜，他感觉不到。

还是他的好友顾僧孺有情致，在临终前，仍念念不忘向他乞讨梅花和茶。当然不是打电话，而是写下《乞梅茶帖》："病寒发热，思嗅腊梅花，意甚切，敢移之高斋。更得秋茗啜之尤佳。此二事，兄必许我，不令寂寞也。雨雪不止，将无上之后把臂耶？"这封往来绝笔，让他读得黯然神伤。人生奄忽如此，何以堪之！

张大复住在片玉坊（今昆山南街）几间陈旧的老屋里，西去不远，就是丽泽门城墙了。身材矮小、贫病相交的他，四十岁便因为患青光眼双目失明，还经常被偏头痛、伤寒、肺炎所困扰。但是活得比别人想像得还要豁达、潇洒。他依靠为人授徒和变卖家产，获取菲薄的经济收入，闲暇时坐在城墙上冥思，感受娄江的欸乃橹声，或者与朋友畅怀放谈，大千世界映射在他的心灵中，复又由他口述成文。昆曲和茶，是他最愿意关注的题材。不难想见，在黑暗与贫病中潇洒地活到77岁，是茶水与昆曲的滋润为他创造了奇迹。

贫瘠与病痛，构成他多舛的命运，却难以羁束他那丰韵的性灵。且看《茶说》：

> 天下之性，未有淫于茶者也；虽然，未有贞于茶者也。水泉之味，华香之质，酒瓿、米椟、油盉、醯罍、酱罂之属，茶入辄肖其物。而滑贾奸之马腹，破其革而取之，行万余里，以售之山栖卉服之穷酋，而去

> 其膻熏臊结、止膈烦心之宿疾,如振黄叶。盖天下之大淫而大贞出焉。世人品茶而不味其性,爱山水而不会其情,读书而不得其意,学佛而不破其宗,好色而不饮其韵。甚矣,夫世人之不善淫也……

有人说文章是他在一个迷人的月夜写成的。我以为,用回忆来界定或许更合适。"是夕船过鲁桥,月色如水,风情野态,茶烟树影,笛韵歌魂种种,逼人死矣"。

以贞与淫来比喻茶性,似乎怪诞,但是掩卷沉思,又觉得深有道理。茶叶具有吸附的天性,遇梅则香,逢鲍则腥。人们喜欢把它封藏在锡罐里,守住本真之味。天下没有什么比它更见异思迁、更淫的。然而,茶叶不仅能解荤腥,能祛除烟酒之毒,尤其能令人神清气爽,身心舒泰,被誉为"百病之药"。在头昏脑涨、精疲神倦、百节不舒时,饮茶的效果,像秋风扫落叶一样明显。这显然是贞。张大复觉得,大淫是茶的表象,大贞才是它的本质。转而,他又引申了开来:"世人品茶而不味其性,爱山水而不会其情,读书而不得其意,学佛而不破其宗,好色而不饮其韵……"原来,由奉茶而探寻茶性,是为了抵达清心悦神、超凡脱俗的心境,让天、地、人三者融为一体。

这使人想起宋徽宗赵佶在《大观茶论》中的一段话:"至若茶之为物,擅瓯闽之秀气,钟山川之灵禀,祛襟涤滞,致清导和,则非庸人孺子可得知矣。中澹闲洁,韵高致静……"古往今来,深谙茶道的人们,都把"静"作为修习的必经之途。所谓"欲达茶道通玄境,除却静字无妙法"是也。 是的,假如手持一壶好茶,静心欣赏清丽典雅的昆曲,耳畔箫管婉约,穿林度水而来,那意象与韵味无法用言语表达。今天,被生活的魔鞭急急追赶的人们,却很难如此享受。

能明其淫而就其贞,识得茶之真滋味的张大复,一生结交了许多朋友,包括不擅当官却成为戏曲大家的汤显祖、曾官至礼部侍郎的诗人钱谦益、放浪形骸而聪慧绝伦的梁辰鱼、善于经营并成为大富翁的文化人陈继儒等等,别人的生活都过得比他舒适体面,张大复虽然聪慧过人,却与科举无缘,只能在捉襟见肘的日

张大复故居玉山镇南街新貌

子中，寻找属于自己的快乐。当初他也苦苦钻研八股文，梦想金榜题名。不曾当官唯一的好处，也许是没经历什么政治风浪，可以过普通人的日子。奉茶度曲之余，口述书稿，请人记录，日复一日地写就了很多真文章。很多文字，犹如现代人的"微博"，却更能经得起岁月淘漉。

　　他的一部《梅花草堂笔谈》，其实也是一杯醇厚甘鲜的清茶，在细啜慢品中，你时时发觉唇舌回甘，鼻息生香。让人陶醉的，不知是曲韵，还是茶性？

雅俗贵贱不分飞

一位老艺术家告诉我，《牡丹亭》在美国演出，女主角躲在屏风后，脱下身上的衣服一件件往外扔，然后三点式走出来。把昆曲变成百老汇歌舞以取悦观众，太可悲了！什么是真正的昆曲？柳梦梅和杜丽娘在舞台上，一个手指都不允许露出水袖，照样惟妙惟肖呈现他们的梦中情缘。

昆曲，高雅而高贵。那细腻舒缓的水磨腔，历来为文人雅士所欣赏。但迫于生存，吴歈雅韵确实也有俗化的一面。

在六百年的漫长岁月中，昆曲几度兴衰，饱经沧桑。它能不绝如缕世代相传，依然焕发璀璨的光华，除了具有极高的艺术价值，跟观众的追捧大有关系。就拿昆曲音乐来说，明代嘉靖年间，正是魏良辅、梁辰鱼、张野塘、谢林泉等生活在社会底层，又与文士阶层关系密切的曲师们，精心改良而成的。他们耳濡目染在民间流传的俚腔小调，在保留其遗传基因的同时，广泛吸收新鲜滋养，使"水磨腔"根底深厚、丰富多彩，深受广大民众的欢迎。何况，昆曲在"家家收拾起，户户不提防"的年代，厅堂的雅与庙场的俗，是并存的。

清乾隆五十年（1785年），旅居北京的文人吴长元写了一本《燕兰小谱》，描写当时北京男性旦角演员的生活，以及士优间的关系。其中有两首诗，其一：

> 娇态临风弱不支，却於蕴藉动情思。
> 目光冉冉浑如语，想见寒花未嫁时。

这是描绘江苏元和籍旦角演员李琴官的。作者将他以归有光先生笔下婢女寒花作比拟。"尝演《裁衣》，风流蕴藉，有企爱之神，无匸斜之态"。显然，即便是受到花部放荡风格的影响，李琴官仍没有沦落到"生旦诨谑搂抱亲嘴，以博时好"的地步。

其二：

> 狼藉瑶卿与秀卿，两头蛮触损清名。
> 梁溪丰范从谁说，酥酪而今有弟兄。

瑶卿，清代乾隆年间徽班中兼唱昆曲和乱弹的名伶。姓时，无锡人，俗称四喜官。《燕兰小谱》说他"雪肤兰质，韵致幽闲。虽兼唱乱弹，涉妖妍而无恶习"。秀卿，则让自己朝着乱弹放荡的路子走。"淫冶妖娆如壮妓迎欢，令人酣悦。台下好声鸦乱不减婉卿"。《燕兰小谱》观点鲜明地批评他："徒供酸丁饿眼，以身发财岂易言欤？"

当时的文人把兼唱昆曲和乱弹的伶人称为"两头蛮"。他们十分担心高雅的昆曲在观众流失的状态下，受花部影响，走向庸俗。然而，他们哪儿想到，不同文化形态的冲撞与融合，从来是无法避免的。清朝统治者坐在故宫的殿堂里，也碰到了文化冲撞的问题。最初，他们也欣赏昆曲，觉得很委婉，很典雅，却又与自己叱咤豪迈的心境不相对。于是敞开城门，让安徽的徽剧、陕西的秦腔、湖北的汉剧蜂拥而入。各种风格不同、活力四溅的地方戏曲交融整合，这才形成了以西皮、二黄为基调的京剧。俗化，在这里成了戏曲艺术生存和发展的重要手法。

时至今日，关于雅俗、贵贱的争议仍不绝于耳。有人严厉地批评如今的年轻人，越来越世俗化，越来越追求时尚和享受，越来越不知中国的历史和文化，越来越缺乏艺术的激情与理性批判的姿态。但也有人觉得，面对汹涌的市场经济大潮，文艺的媚俗化、功利化，是一种必然，根本不必大惊小怪。不是吗，马克思早在《资本论》中指出："资本主义生产就同某些精神生产部门如艺术和诗歌相敌对。"黑格尔也说类似的话："我们现时代的一般情况是不利于艺术的。"

昆曲究竟应该保持原汁原味、纹丝不动，还是应该搬上现代舞台，让观众以穿越时空的方式与之交流？或许会不断争议下去。有一点是毋庸置疑的，作为人类口述和非物质遗产，我们要用心对待，让它保持绵延不绝的生命，这最为重要。

不关风化体，纵好也徒然

当年，朱元璋看了高则诚的《琵琶记》后，大加赞叹："五经四书为五谷，家家皆有。《琵琶记》如山珍海味，富贵家岂可无耶。"急于恢复儒家思想统治

《琵琶记》插图之一

地位的明太祖,竟将《琵琶记》高抬至四书五经之上。这成为中国戏曲强调教化作用的典型例证。

《琵琶记》所描写的,确实是"子孝与妻贤"的内容。作品强调封建伦理的重要性,希望通过戏曲的力量,让观众受到教化。高则诚在《琵琶记》的"副末开场"中,便有这么一段话:

秋灯明翠幕,夜案览芸编,今来古往,其间故事几多般。少甚佳人才子,也有神仙幽怪,琐碎不堪观。正是不关风化体,纵好也徒然。论传奇,乐人易,动人难,知音君子,这般另眼儿看。休论插科打诨,

《琵琶记》插图之二

《连环记》插图

也不寻宫数调,只看子孝与妻贤。骅骝方独步,万马敢争先?

戏曲,作为一种民间艺术,老百姓关心的是它的娱乐性,把它看作日常生活的有机组成,与自己息息相关,而不是高高在上,随节日时令所形成的祭仪。但是元明以后,许多文人鄙视戏曲在民间所发挥的娱乐、游戏功效,而十分强调戏曲的教化功能。从《琵琶记》开始,他们笔下的传奇常常带有浓厚的伦理教化意味。尤其是朱元璋对标举风化、有益人心的《琵琶记》赞不绝口,大力倡导戏曲要成为道德教材,使很多人闻风而动。文渊阁大学士邱濬创作《五伦全备记》,

就是其中的代表。这位理学名臣，真个是响应了皇帝的号召，才从事"词场最下伎俩"的传奇创作的。与高则诚"不关风化体，纵好也徒然"的理念一样，他的《五伦全备记》，借助于副末开场，也阐述了"若于伦理不关紧，纵是新奇不足传"的目的。尽管在他的笔下，伍家五个儿子为儒家纲常大义英勇献身，体现了"父子有亲，君臣有义，夫妻有别，长幼有序，朋友有义"的五伦关系，只可惜邱濬学习《琵琶记》却不得其艺术神韵，观众根本不买他的帐。《五伦全备记》被人斥之为"纯是措大书袋子语，陈腐臭烂，令人呕秽"。

步邱濬后尘的邵璨，创作了《香囊记》。传奇描写了宋代张九成与新婚妻贞娘的悲欢离合故事，夫妻团圆后的点题诗为"忠臣孝子重纲常，慈母贞妻德允臧，兄弟爱慕朋友义，天书旌异有辉光"，可以说是封建礼教之集大成者。传奇在结构上对《琵琶记》、《拜月亭》承袭甚多，并且大量运用《诗经》和杜甫诗句，典故对句层出不穷，宾白也多用文言。开辟了明代传奇骈俪化、典雅化和八股化的源头。

当然，在明初的传奇中，仍有不少未受道学气和八股味污染的杰作，如《精忠记》、《金印记》、《千金记》、《连环记》等等。《精忠记》讴歌了抗金名将岳飞的爱国精神，渲染了岳飞父子妻女先后被害的悲剧氛围，揭露了奸贼秦桧夫妇的阴谋与罪过。《千金记》以韩信为主线，描摹了楚汉相争的大场面。《连环记》写王允巧施美人计，让吕布和董卓为争貂蝉而相互反目，连环推进的结局是董卓被诛。貂蝉则被塑造成了一个具有政治头脑的女子。

在不同的历史时期、不同的阶层群落中，戏曲的功能与作用是各不相同。到了今天，在走向市场经济的戏曲发展中，如何认识戏曲作为艺术本体的价值，我们从"不关风化体，纵好也徒然"的理念中，仍然可以汲取很多经验和教训。

不该丧失的原真

《牡丹亭·游园》将昆曲之美推向极致,成为400年来舞台上演最多的一个折子,至今仍常演不衰。然而,美该怎样演绎,却大相径庭。纡徐绵缈、委婉流丽是美,五彩纷呈、华美炫目也是美,眼下很多旦角演员都是这样理解的。然而,不免失之肤浅。

《游园》的原真之美,只在"缠绵"二字。

刚满十六岁的杜丽娘,在一年中最美好的春天,开始了一生最美好的青春的觉醒。她随丫环春香走进花园,从空中若隐若现的游丝窥见春消息,继而与梦中情人相遇,并与之交欢。良辰美景奈何天,引出了一场无以复加的缠绵之旅。

汤显祖的文字纤巧至极:"停半晌,整花钿。没揣菱花,偷人半面,迤逗的彩云偏。步香闺,怎便把全身现……"打谱者,从剧本问世时,就设计了从【步步娇】到【好姐姐】四支曲子,将唱词演化为扣人心扉、令人痴迷的声腔,缠绵

《游园》剧照

《牡丹亭》剧照

跌宕。最缠绵的，却是杜丽娘对镜理妆的过程，明明是她在照镜子，却说是菱花镜在偷看她，害得她慌忙中把发卷都弄斜了。躲在闺房里打扮，羞涩的她怕人家看见，又很想让人家看见——愁绪郁结，欲说还休，便是她缠绵的心理基调。

江苏省昆剧院研究员丁修询先生告诉我，昆曲特有的艺术形态，是非常讲究细节，绝不可造次。他描绘了前人演《游园》的一个细节：杜丽娘头戴帕子，身披斗篷，双手掖藏其间，只露出面庞。娇莺欲语，闷愁无端，款款登场，传递出一丝压抑的信息。在春香的伺候下，她在梳妆台前卸下了斗篷，不经意地对镜抬手整钿。手持腰形手镜的春香，站在她的身后。杜丽娘双抖袖，左手扶梳妆台，右手翻袖上举过肩。先是向左俯首看桌上铜镜，春香持手镜照她脑后，再回首向右俯身，春香踢足下蹲，以手镜迎向她的面庞。在纾缓的唱腔中，她们显得那么婀娜多姿。随即同时转身，背向观众，同样地左右高低照镜一番。前辈艺术家设计的这组照镜细节，正是以缠绵的偶联身段与缠绵的曲腔相互契合，熨帖入微，将杜丽娘的缠绵之美，表现得淋漓尽致。

年逾八旬的丁修询，以"守旧派"、"顽固派"自诩，最推崇原汁原味。他说，从前昆曲的行头，和其他剧种不一样，几乎都是用麻布做成的，而不是用绫罗绸缎。浆洗好以后，方方正正摆在衣箱里。到了码头，准备演出时，演员拿出来穿在身上，折痕仍显得清清楚楚。昆曲就是讲究这样的方方正正。

《游园》里，春香腰间系有一块汗巾，传统的系法，是前后身并不一样。前身系在背心外，后身却系在背心里。这样做的好处是前身束腰，看起来窈窕俏丽，后身宽松而含蓄。在舞台上给人的印象，是既显得天真活泼，又不失端庄娴雅，符合名门大户贴身丫环的身份。十三四岁的丫环春香，童心盎然，尚未懂得缠绵，恰好衬托杜丽娘的幽怨情态。这一折戏的清俊温润，便由这样的细节体现。但，眼下舞台上所见的春香，汗巾只是拦腰一束，没有任何讲究。不是她们不会，而是不懂，没有谁告诉她们传统的汗巾系法。

昆曲失传的，又何止是传统的汗巾系法呢？

上世纪二三十年代培养的传字辈，会演昆曲500出，到了继字辈和承字辈，会演250出，而今天的青年演员，只会演屈指可数的几折了，哪怕他们可以荣耀地获得"梅花奖"。遗产原真的流失，更在细节。演员阵容的强大和舞台装置的豪华，是难以掩盖这些的。

作为一份人类共有的非物质遗产，昆曲在当下最需要的是保护与传承。我不反对改良。没有魏良辅对昆山腔的改良，就不可能有走向一束巅峰的昆曲。但是，假如我们满足于表面上的热闹、形式上的光鲜，却不能传承昆曲艺术的原真，在不知不觉中任随流失，这实在太可悲。剧本是遗产，曲牌是遗产，表演程式是遗产，所有的遗产却是由一个个细节构成的。失去了细节的躯壳，岂有艺术生命的独特魅力？

访 曲

昆曲语境中的同性恋现象

《怜香伴》,三百五十年的呼应

社会学家潘光旦先生在他译注的《性心理学》(英·霭理士著)中说:"同性恋的现象在动物生活史里就有它的地位。它和人类的历史是同样的悠久。"同性恋,这个在社会文明高度发达的今天仍处于禁忌状态的话题,正越来越多地为人们所探索。几年前,导演关锦鹏、艺术总监汪世瑜、时装设计师郭培与北昆剧团联合推出昆曲《怜香伴》,被称为"当代男旦演绎古代拉拉的旷世奇缘",再一次引起人们对于同性恋题材的关注。有人问:笛声深处是哪个时代的意乱情迷?

《怜香伴》,又名《女人香》,是由清初文人李渔在四十一岁时创作的作品,涉及一个十分特殊的题材——同性恋。中国古时候用"龙阳癖"、"断袖之癖"、"余桃"等来指称同性恋,显然都用于男同。"断背"、"玻璃"是新近出现的代名词。对于女同性恋者的称呼,则有"拉拉"、"蕾丝边(Lesbin)"等。李渔的《怜香伴》,被称为中国古典戏曲中第一部描写女同性恋的作品。故事描写浙江嘉兴书生范石的新婚妻子崔笺云,在庙中与浙江孝廉曹有容之女曹语花因身体有异香而结缘,随即互生爱慕之情。再会时,两人结为姐妹,进而约定来世成为夫妇。为了能长相厮守,她们约定共嫁范石。崔笺云让丈夫范石到曹家提亲未果。之后,范石改名石坚,刻苦攻读,考取功名,终于迎娶到了曹语花。崔、曹两人经过一番设计,最后都得到皇帝册封,并列为范石的夫人,以皆大欢喜结局。

在《怜香伴》里,李渔很大胆地讲述了男权社会下女人之间的情爱。他将两个女人相识、相知、相思、相隔、相聚的故事,凭空结撰,衍成传奇,一波三折,迂回跌宕。妻妾和谐相处,共同相夫教子,恐怕是封建时代一夫多妻制下每

《怜香伴》插图

个男人的梦想（无疑也是一生不得志、落魄江湖的文人李渔的梦想），两个女人怜香相恋，也不会对男人的地位带来任何的威胁，于是李渔构思出这部女同性恋题材的作品，以别出机杼的新奇，赢得了观众的喝彩。崔笺云和曹语花特殊的心理情态，确实与一般才子佳人的传统套路截然不同。传奇写成后三百五十余年，从未完整地上演，这个题材过于敏感怕也是原因。

布衣怪才李渔，与尤侗、吴伟业并称为清初三大曲家，留下十种传奇，以《怜香伴》最引人瞩目，合称《笠翁十种曲》。他的《闲情偶寄》中也有《词曲》、《演习》、《声容》三个部分论述戏曲创作与表演。李渔对男女之爱有着自己的独到见解，他在《玉搔头·飞舸》中说："男女相交，全在一个'情'字"，"势利不能夺，生死不能移"，此"情"乃人间至真之情。在《怜香伴》中，这人间至情竟突破了男女之爱的范围，推展到两个同性女子之间。不过，崔笺云与曹语花别出心裁的相恋，重在"情"而不在"欲"。恰如《怜香伴》第二十一出《缄愁》中曹语花对丫鬟解说"相思"二字时说："呆丫头，你只晓得'相思'二字的来由，却不晓得'情欲'二字的分辨。从肝膈上起见的叫做'情'，从衽席上起见的叫做'欲'。若定为衽席私情才害相思，就害死了也只叫做个'欲鬼'，叫不得个'情痴'。从来只有杜丽娘才说得个'情'字。你不见杜家情窦，何曾见个人儿柳？我死了，范大娘知道，少不得要学柳梦梅的故事。"

李渔生活在明清交替的时代，饱受时代动荡和战乱之苦，靠出卖诗文和带领家班到处演戏维持生计，饱受坎坷穷愁。尽管他编撰传奇是为了"砚田糊口"，绕不过市民情趣和商业运作，但至少在这里他把爱情提到了很高雅的层面。

用现代人的目光看，《怜香伴》自有其庸俗的一面，但李渔确实也从女人的层面挖掘到了爱的力量。曹语花对崔笺云发誓："死都死得，还有什么做不得！"这充分显示了"情痴"的力量。在经历了分离之苦的重逢后，曹语花向崔笺云道明了自己嫁给崔笺云丈夫的原因，"我当初原说嫁你，不曾说嫁他，就是嫁他，也是为你"。这是曹语花的坦诚，无疑也是作者对爱情的彻底表达。在男权社会中，两个女人费尽心机地追求"宵同梦，晓同妆，镜里花容并蒂芳，深闺步步相随唱"的理想，是需要有足够的勇气打破桎梏的。浪漫的李渔不仅写出了两位佳人的聪慧与执着，更写出了包括夫君、父母、尼姑、仆从等社会群体的理解与支持，甚至还有皇上的圣明，遂使她们如愿以偿。

借助于传统伦理的包容，李渔构筑了一个理想色彩十分浓郁的同性恋（其实也是双性恋）世界。今天，艺术家们之所以上演《怜香伴》，与三百五十年前的李渔呼应，无疑说明时代已经进步到了对同性恋有足够的宽容和关注。

"做一只屁眼里拖针的蜜蜂"

如果我们把视野扩展一些,可以发现在明清昆曲传奇中,除了《怜香伴》以整部作品描写同性恋,还有不少作品涉及同性恋。杰出的剧作家汤显祖的临川四梦之一《牡丹亭》,就是其中的一个代表。

请看《牡丹亭》第二十三出《冥判》中的一段:

(净)叫李猴儿。

(外)鬼犯是些罪,好男风(男风:男色)。

《牡丹亭》插图之一

（丑）是真。便在地狱里，还勾上这小孙儿。

（净恼介）谁叫你插嘴！起去伺候。

（做写薄介）叫鬼儿听发落。

（四犯同跪介）

……

（净）也罢，不教阳间宰吃你。赵大喜歌唱，贬做黄莺儿。

（生）好了。做莺莺小姐去。

（净）钱十五住香泥房子。也罢，准你去燕巢里受用，做个小小燕儿。

（末）恰好做飞燕娘娘哩。

（净）孙心使花粉钱，做个蝴蝶儿。

（外）鬼犯便和孙心同做蝴蝶去。

（净）你是那好男风的李猴，著你做蜜蜂儿去，屁窟里长拖一个针。

（外）哎哟，叫叮谁去？

李猴儿因为酷好男风（同性恋），被冥官发落到人间，做一只屁眼里拖针的蜜蜂，真是令人忍俊不禁。但我们读过《冥判》就可以明白，汤显祖在传奇中安排这样的细节，并非为了插科打诨。

事实上，酷好男风的，不只是剧中人。汤显祖曾把两件因好男风而罢官的事件联系在一起，写了一首传诵一时的诗《送臧晋叔归湖上，时唐仁卿以谈贬，同日出关，并寄屠长卿江外》。明万历十二年，当时的礼部主事，《彩毫记》、《昙花记》、《修文记》三部传奇的作者，名士屠隆，因为喜好男风而遭罢官。一年后，著名的戏曲家、南京国子监博士臧懋循又因"风流放诞"，"与所欢小史衣红衣，并马出凤台门"，受弹劾罢官归里。屠隆是明代风流才子中最典型的一位。他的风流，非一般文人所能企及。由于生活过于糜烂，以致患上"情寄之疡"（即梅毒），晚年不治而亡，成了有明确记载的中国第一个死于梅毒的文人。从他身上，折射出那个昆曲风靡的时代，率性而为、放浪不羁的社会风气。

　　张凤翼，字伯起，住在苏州干将巷，是一个颇具个性的文人，擅长书画，却不愿意以诗文字翰结交贵人。他与梁辰鱼是同时代的曲家，成为"昆山派"中重要的成员，《红拂记》是其代表作。由于张凤翼和梁辰鱼为改革后的昆山腔提供了最早的剧本，所以人们常将他们相提并论："张伯起《红拂记》，洁而俊，失在轻弱；梁伯龙《吴越春秋》，满而妥，间流冗长"（王世贞《曲藻》）。张凤

《牡丹亭》插图之二

翼与梁辰鱼有诸多诗歌唱和之作，还一起参与戏曲音乐改革，发挥了重要作用。耐人寻味的是他的散曲中，也有像《写恨》这类向同性倾诉绵绵情意的文字，流传至今：

【仙吕入双调·步步娇】劣冤家多少迷魂处，顷刻难相离，情浓意似痴。暂喜伴嗔，乍来忽逝，暗地自支持。恩情但愿常如此。

【江水儿】胜赏观灯夜，佳辰解粽时。含香豆蔻当年事，风前月下相牵系。醉乡醒眼难抛弃，万种离情愁思。回首从前，一一为伊牢记。

从中不难看出，张凤翼笔下的同性恋颇具美感。他与"劣冤家"——另一个男人有着无限缱绻、难舍难离的情感，不仅"回首从前，一一为伊牢记"，而且祈愿"恩情但愿常如此"。尽管只是暗地里往来，却不能消解彼此的刻骨相思。

施晔先生在他的《中国古代文学中的同性恋书写研究》（上海人民出版社2008年11月）一书中，列举了汤显祖的《牡丹亭》、沈璟的《分柑记》、王冀德的《男皇后》，作为传奇作家描写同性恋的代表，视点很准。王冀德是明万历年间著名的曲论家，他的《男皇后》光看剧名，就可以知道是与男风有关。沈璟是明末清初昆曲"吴江派"的领军人物，他的《分柑记》，搬演了卫灵公与弥子瑕同性恋的故事（"分桃之癖"便由此而来），可惜这部传奇已经散失，无法窥其原来的面目。但是施晔先生从沈璟散曲《赠外》中，又找到了许多佐证。"非是种情偏重色，爱杀你知音的俊才。那更高歌畅怀"，尾声这几句，很容易读懂，不需要再作任何解释。

我们不能不因而揣测这样的一个问题：迷醉于纡徐委婉的昆曲水磨腔，与沉湎于同性间的缱绻之情，彼此自有一种无比隐秘的联系？充盈着阴柔之美，被誉为"百戏之祖"的昆曲，犹如古希腊哲学家柏拉图在《会饮篇》中所说，人类的远祖本来就有"双重男性"、"双重女性"和"男女兼性"三种性别？

男旦与男风的流俗

明代中叶后的江南,随着经济持续发展和社会生活的稳定,一度出现了前所未有繁盛局面。征歌逐色、追求安逸成为士人的新时尚。"人生贵适意,胡乃自局促。欢娱极欢娱,声色穷情欲",袁中道的咏怀诗,象征着当时人们对于声色物欲的追求,并不认为是一种罪恶,而是一种人情的自然寄托。

耽于奢靡,难免会产生畸形。明代文学家归有光曾经描述江南诸郡县:"……俗好媮靡,美衣鲜食,嫁娶葬埋,时节馈遗,饮酒燕会,竭力以饰观美。

《红拂记》插图

富家豪民，兼百室之产，役财骄溢，妇女、玉帛、甲第、田园、音乐，拟于王侯"。这样的社会状态让昆曲迅速兴盛、流布，同时也助长男色之风的蔓延。

黄裳先生《旧戏新谈》中说："概自明末以来，男色之风甚盛，那原因是因为士大夫不许狎妓，只能找漂亮的男戏子来寻开心。直至清末，男女合演还没有能成为事实，一般士大夫，不能寄情于优伶而捧之。王紫稼在明末清初，风头十足，吴梅村为他特撰《王郎曲》……"

王紫稼，是苏州的一位男旦名伶，所饰演的《会真记》红娘，被称为"妖艳绝世，举国趋之若狂"。吴梅村在长诗《王郎曲》中写道："王郎三十长安城，老大伤心故园曲。谁知颜色更美好，瞳神剪水清如玉。五陵侠少豪华子，甘心欲为王郎死。宁失尚书期，恐见王郎迟；宁犯金吾夜，难得王郎暇。坐中莫禁狂呼客，王郎一声声顿息。"名士们为王紫稼所迷醉，竟然到了无法自拔的境地，足以令今天的粉丝们汗颜。钱谦益与秦淮名妓柳如是的风流韵事，流传甚广，而他与王紫稼的情事，则鲜为人知。《清稗类钞》收录了钱谦益与顺治八年惜别王紫稼所作的《送行十四绝句》，其中有这样的句子："春风作态楝花飞，清醑盈觞照别衣。我欲覆巾施梵咒，要他才去便思归。"缠绵之情不言而喻。

明代嘉靖、隆庆、万历年间，是昆曲的全盛时期。家班女乐的大量涌现，给男主人提供了与女乐暧昧的机会，眷宠男旦之风，也"盛于江南而渐染与中原"。明谢肇淛的《五杂俎》记载："从吴越至燕云，未有不知此好者也。"明代法律禁止官吏狎女娼，但是男风却与法律没有抵触。此外，男子与男子相亲，妻子很难追究，家庭矛盾也不至于太尖锐。

当时的士大夫所狎男色，多半是梨园优伶。黄昂《锡金识小录》记载了一个十分典型的例子："曹氏（梅村）之二温柔者，宝界山农家子弟也。有老农真姓，孪生两儿，姿容丽甚，性聪颖。梅村月夜泊舟山下，闻山麓唱吴歌，声甚清婉，踪迹之，则真氏两儿也。年甫十二，顾影自矜，流目送媚……"曹梅村以十亩田的代价得到了两个美貌的优童，喜形于色，"非二温柔食不甘，寝不安"，他对男旦的迷恋已浃骨入髓。

昆曲职业戏班,与家班女乐不同,常常要行走于各个码头,演员都是男性。这就让男旦成为一种必需。事实上,培养男旦的成本并不低。首先要从苏杭一带挑选那些眉目美好、皮色洁白的幼伶,教戏时刻意模仿女子的音容笑貌、举手投足,上了舞台更是妆扮得妖艳动人。为了使他们比女人还像女人,每天"晨起以淡肉汁洗面,饮以蛋清汤,肴馔亦极醴粹,夜则敷药遍体,唯留手足不涂,云泄火毒。三四月后,婉好如好女,回眸一顾,百媚横生"(《清稗类钞》)。那些成为男妓的优童,被称为"相公",是从"像姑娘"演变而来的。在某种意义上,职业昆伶的相貌与神态比平常的女子愈加令人迷醉。在演戏的同时,他们兼营侑酒、侍寝的副业,收入颇丰,还很有市场。

《红楼梦》中,有这么一段文字,写伶人琪官(蒋玉函)一出场,便成为红遍京城的名伶,同时也是达官显贵、文人学士以及纨绔子弟竞相追捧的对象,成了他们的"相公"。第三十三回中说,忠顺王命其长史官寻找琪官,特来贾府询问。那长史官冷笑道:"也不必承办,只用老先生一句话就完了。我们府里有一个做小旦的琪官,一向好好在府,如今竟三五日不见回去,各处去找,又摸不着他的道路,因此各处察访。这一城内,十停人倒有八停人都说,他近日和衔玉的那位令郎相与甚厚。下官辈听了,尊府不比别家,可以擅来索取,因此启明王爷。王爷亦说:'若是别的戏子呢,一百个也罢了;只是这琪官随机应答,谨慎老诚,甚合我老人家的心境,断断少不得此人。'故此求老先生转致令郎,请将琪官放回,一则可慰王爷谆谆奉恳之意,二则下官辈也可免操劳求觅之苦。"擅长于逢迎的"相公",显然成了抢手货。

这也意味着男旦与男风的流俗,已经从明代延续至清代。直到乾隆中叶后,地方戏兴起,昆曲家班渐渐衰落,才有所改变。

读人

- 孙中山给侄儿孙昌的信札
- 以天下苍生为念——浅论顾炎武的民本思想
- 语濂泾
- 假如顾炎武生活在今天
- 圆周率的诞生地
- 南武人王韬
- 黄炎培与徐公桥试验区
- 归有光与魏校的师生相
- 龚贤的半千与半亩
- 从张香桐先生英译《朱子家训》说起
- 游子的忧伤

读　人

孙中山给侄儿孙昌的信札

我藏有多封孙中山先生遗札影印件。其中之一，是1916年7月孙中山先生致侄儿孙昌，谈及反对袁世凯帝制复辟的信。在纪念辛亥革命100周年的时候重读，尤其能理解孙中山先生的革命精神（信中标点为笔者所加。原件藏上海图书馆）。

　　昌侄知悉：闻汝举兵于乡，多有扰及闾里，致父老责有怨言。此在袁氏未死之时，人人有讨贼之任，尚可为汝曲谅。今大盗已去，汝当洗

孙中山给侄儿孙昌的信札

戢归田，毋久为乡里之累，方表大公无私，否则难免乡人之责难也。见信之日，务要即将所部遣散并将所征发于各乡之枪械器物缴还原主，至于解散费今由唐少川先生派专人回乡，与父老协商公平发给，汝当惟众议是从，不得留难抗阻。否则叔惟有置汝于不理，任由乡中设法对待，恐无汝容身之地也。汝宜思之慎之，毋违叔命，此示。

叔孙文亲笔书　上海　七月廿二日

　　1916年5月，孙中山与宋庆龄在日本完婚不久，乘轮船秘密回到上海。一生革命不为私己的孙中山，连一处正式的住所都没有。后来，是四位加拿大归国华侨，从原来准备在沪开化妆品厂的股本中抽出一笔钱，买下了莫里哀路29号（今香山路7号）——一座深灰色的两层小洋房，坚持要送给孙中山。孙中山给侄儿孙昌的信，就是在这里写的。

　　就在写这封信的上一个月——6月6日，袁世凯在全国人民的唾骂声中死去。黎元洪继任总统，但中国仍然处于分裂状态。孙中山亲眼看到袁世凯死后，国家变乱迭生，虎狼遍地，国不成国，愈加激起坚决捍卫共和国的义愤。他在给孙昌的信中，批评侄儿"举兵于乡，多有扰及闾里，致父老责有怨言"。尤其在不再讨伐袁世凯以后，"汝当洗戢归田，毋久为乡里之累，方表大公无私"。为了做到这一点，孙中山不仅要求他遣散部属，将枪械器物缴还原主，还让唐少川先生委派专人回乡，与父老协商发放遣散费。唐少川，即唐绍仪，是清末民初著名的政治活动家、外交家，曾当过中华民国首任内阁总理，三个月后辞职。

　　孙昌，是孙中山哥哥孙眉的独生子。孙眉曾多次出钱支持孙中山的革命活动，而孙中山对侄儿孙昌也十分爱护。孙昌在美国长大、读书，1910年，在美国加入了孙中山领导的中国同盟会，为推翻腐败无能的清政府进行宣传、募捐等工作。孙中山主张他回国，在1910年4月25日写于火奴鲁鲁的信中说："今附上五百元汇单，供你母亲、妻儿及你本人回国之用。目前我为你设法，已尽力所能及。接款后应即动身，勿误……"1911年10月辛亥革命爆发后，孙昌立即回国投入反清战斗。1913年，袁世凯倒行逆施，镇压革命党人，孙昌跟随孙中山进行反袁斗争。1917年9月，孙中山为反对北洋军阀政府破坏临时约法，在广州就任中华民国军政府大元帅，开展护法运动。孙昌被任命为大元帅府上校，参与军机。同年底，他奉命携饷到广州东郊黄埔港慰劳卫士队，误遭海军炮击而负伤，不幸坠入江中身亡，年仅三十八岁。孙中山闻讯十分悲痛，亲笔题写挽匾"为国捐躯"，并下令将孙昌遗体送回翠亨村安葬。

但从上述信件不难看出，孙中山对侄儿不再"扰及闾里"的要求非常严格，几乎是下了最后通牒："否则叔惟有置汝于不理，任由乡中设法对待，恐无汝容身之地也。"连同信里多次出现的"公平"、"大公无私"、"惟众议是从"等字句，我们可以领悟，这是与孙中山先生"天下为公"的思想一脉相承的。

以天下苍生为念
——浅论顾炎武的民本思想

顾炎武像

一

顾炎武的"天下兴亡,匹夫有责",旨在反对"独治",主张"众治",凝聚成中华民族的精神力量,"继往圣绝学,开万世太平"。从另一方面,我们也不难看出,在突破君尊臣卑、君贵民贱的传统观念的同时,他时时将天下苍生萦念于心。

与古往今来的许多学者不同,顾炎武一生的论著,有大量篇章涉及风土物产、工商货币、交通运输、经济收支、赋役负担等与民生有关的课题。他不仅用心搜集资料,还就其原委与得失,溯古论今,甄别针砭,给后人留下足可借鉴的经验教训。

比如说,他在财政问题上持"以民为本"立场,反对厚敛重赋,主张"藏富于民"。关于"苏松二府田赋之重",不仅《日知录》中列有专条,《肇域志》中也记录了松江府的各项赋役,包括正税、杂税、增耗、加派,等等。江南农家是最勤劳的,可是"有终岁之劳,无一朝之余"。吴中(苏州)一带市面繁荣,然而由于粮役之累,"富室或至破家"。在考察了古今财政之后,顾炎武提出"藏富于民"的观点,反对以增加赋税的办法来填补国家开支的亏空,"自此搜刮不已,至于加派;加派不已,至于捐助,以迄于亡"。

他在《肇域志·徽州府》中有这样的一段描述:"新都(新安),勤俭甲天下,故富亦甲天下。贾人娶妇数月,则出外或数十年,至有父子邂逅而不相识者。大贾辄数十万,则有副手而助耳目者数人。其人皆铢亮不私,故能以身得幸于大贾无疑,他日计子母息,大羡,副者始分身自为贾。故大贾非一人一手足之力也……走长途而赴京城,芒鞋跣足,以一伞自携,而舍舆马之费,问之则千万金之家也,微人四咸朴茂,其起家以资雄闾里,非数十百万这称富也,有自来矣。"

顾炎武认为,徽商发达的原因主要有这么几个方面,徽州人历来有经商的传统,成年男子结婚不久就外出经商,有的人几十年都不回去。徽州人很团结,一个大商人能得到许多同乡的帮助,在互相帮助的过程中,同乡们也学到了经商的本领。徽州人还很崇尚节俭,不奢华,这非同一般。

晚年,顾炎武长期居住在山西、陕西,对西北地区的经济,也详加考察。他认为,西北经济的贫困,只有靠发展生产才能缓解。除了建议政府招抚流亡、开辟旷土外,他还想到了植棉纺织,主张扶植农村纺织业的发展。他强烈反对西北"民惰"的传统舆论,认为这是政府不予提倡、不予资助的借口。

在社会经济生活的考察中,顾炎武清醒地意识到,追求财富,是人的一种天性,无法压抑。正因为每一个人都追求其合理的私人利益,社会经济发展才有最直接的动力。在《天下郡国利病书》中,顾炎武多次记载了吴中地区工商兴盛的景象:老百姓不喜欢购置田产,而热衷于经商。街上商铺林立,令人眼花缭乱。如苏州东山,人口密集,都以经商为业。太湖边的老百姓,虽然以耕田捕鱼为主，但也不忘做些小买卖，无论男女，都擅长织布、织席、采石、造器。就连退休的宰相、学界的领袖，也都放下身价，随波逐流。嘉靖年间任首辅的松江人徐阶，就在家中开办纺织厂，招了许多女工。东南沿海的商人，也有西欧商人那种明知航海危险也要冒死以往的精神："海滨之民，惟利是视，走死地如鹜，往往至岛外瓯脱之地……官府即知之而不能禁，禁之而不能绝。"出海的商船，原本难以战胜险风恶浪，十条中往往要损失两三条。后来依据一本《航海经注》，预知方位与航线，往来船只便安然无恙，经商盈利自不在话下。

正是因为清楚地认识明代中叶以来中国社会商品经济发展的大势，顾炎武提出了"为天子为百姓之心，必不如其自为"的自由经济思想。他说："天下之人各怀其家，各私其子，其常情也。为天子为百姓之心，必不如其自为。"有公而无私，只是后人的美言，并非先圣的至训。他认为，只有让人民"自为"，而不是让那些口称"为天子为百姓"的官员们来"程督"百姓们如何作为，才能最大限度地激发人们勤劳致富的积极性，促进经济繁荣发展。

二

明代末年，中国社会商品经济的萌芽，开始带来经济的繁荣，也刺激了统治者的无穷贪欲，各种影响商品经济发展的矛盾日益凸显。

顾炎武深刻地认识到，"天下之患，莫大于贫"，专制统治者的掠夺垄断，政治腐败，官商勾结，是老百姓难以致富的最根本因素。于是，他提出了这样几条对策：

一是保障私有财产，取消对民间工商业者横征暴敛的税收政策。他认为，不仅当代之君不得侵犯和剥夺人民的私有财产，即使是被前代之君所剥夺的私有财产，也要无条件归还给人民。他评说宋代史事和总结宋朝灭亡的教训，认为宋朝之所以灭亡，是从对民间工商业者实行横征暴敛开始的。而明王朝并非亡于崇祯，而是亡于万历。万历皇帝最大的弊政，就是实行了横征暴敛的税收政策。

《天下郡国利病书》书影

二是整顿市场经济秩序，主张行政权力退出市场竞争。顾炎武主张严厉打击与民争利的"官倒"，禁止官员及其亲属经商，使行政权力从市场竞争中退出去。顾炎武坚决主张食盐的自由贸易，力主撤销设置"盐吏"的"掩耳盗铃之政"。他认为，商品的流通有其因"地利之便"的自然规律，不是国法所能禁止得了的；改变由国家垄断食盐贸易的局面，不仅有利于国计民生，而且有利于澄清吏治。要保证贸易的公平，使交易的双方都能"各得其所"，就必须制定对所有人都一视同仁的法律——即"匪法曷均"。

三是主张无地域限制的自由贸易，包括开放海禁，允许民间商人出海开展对外贸易活动。顾炎武主张的自由贸易，不仅只是指食盐，而且包括粮食、棉麻、茶叶及其他生活必需品，贸易不受任何地域限制。在《天下郡国利病书》中，顾炎武引证了傅元初《请开洋禁疏》等大量文献说明，只有开放海禁，允许民间开展对外贸易，才能解决东南沿海人民的生计问题和沿海官员勾结"倭寇"、"因缘为奸利"的问题。

不仅提出对策，他还身体力行。

当顾炎武离开家乡，作为一个游子在北方颠簸流离时，为了生活，曾经表现出非凡的经商才能。经商，既是他谋生度日，也是筹集复兴经费的一种手段。

清顺治八年（1651年），顾炎武来到淮安，与老友、抗清志士万寿祺见面。这时的顾炎武，浪迹江湖，一身短装，以卖布为生，完全不是当年文人学士的潇洒模样。万寿祺看见他，不无感慨地说："先生有管理天下的才能，如今隐没在市场之中，是不是在此初试牛刀呢？"

清康熙五年（1666年），已经五十四岁的顾炎武，利用清朝奖励垦荒的政策，到山西代州，与友人李因笃、傅山等二十余人一起，集资买地，尝试以"股份合作制"的形式，在雁门关之北，五台山之东，披荆斩棘，开垦荒地。他们的艰苦创业，居然获得了不小的成功。所获得的盈利，除了供应日常开支，还积蓄一部分钱，留作以后活动经费。

在给弟子潘耒的信中，顾炎武颇为感慨地谈到：在北方开山的收获，大于垦荒，畜牧的收获，超过耕种，如果在那里有千百头牛羊，就不必回江南了。他还特别指出，北方致富的空间，要比江南大得多。因为在北方是向自然索取，而不用和人争夺。反观江南，即使是一些蝇头小利，也会使所有人一拥而上，哪里还有插足的地方？因此，在北方致富，要比江南容易。

徐珂《清稗类钞》记载：清兵入关，李自成带着巨额财产退到山西。死后，山西人用这笔资金创立了票号。票号的规章制度，都是由顾炎武一手制定的，极其严密。从此，山西票号不断壮大，乃至执掌清代的金融命脉，在商界称雄200余年。

尽管对于这段史料，学界有不同看法。但顾炎武对金融业的高度关注，他非凡的经营才能，是毋庸置疑的。在《钱法论》中，顾炎武明确指出，货币的本质就在于流通。货币是"上所操衡万物之权"，铜钱与银的比价稳定（"市价有恒"），则"钱文不乱，民称便焉"。

联想到今天，在顾炎武的家乡昆山，为富民强市，提出了"个个有技能，人人有工作，家家有物业"的口号，通过三年努力，确保农民的就业率达到90%，确保昆山农民有技能的比例达到80%，确保昆山的农民有物业的比例达到70%。完成后，作为常态工作，循序前进，逐年提高。这样做的结果，是城乡建设协调推进，生态环境不断改善，老百姓生活不断富裕，促进昆山市迅速率先基本实现现代化。

这足可告慰九泉之下的一代大儒、旷世学者。

三

在中国，民本思想由来已久，传承不绝。最基本的含义就是国以民为本，君以民为本，政以民为本。顾炎武把民本思想发挥到极致，提出了"天下兴亡，匹夫有责"的口号。面对当时的社会现实，他认为当务之急在于探索"国家治乱之源，生民根本之计"。

然而，如何发展商品经济，也要解决许多观念上的问题。

明代末年，中国社会商品经济的发展，尚处于资本原始积累的阶段。毋庸讳言，商品经济的发展，一开始就具有两重性。对此，顾炎武有深刻的认识。他的《天下郡国利病书》引《歙县风土论》，将明朝嘉靖前后看作两个不同的历史阶段，记叙了随着商品经济的日益发展所带来的社会风气的变化。从明代初年到弘治年间，整个社会呈现田园诗一般的宁静，"妇人纺绩，男子桑蓬，臧获服劳，比邻敦睦"。然而到了正德年末、嘉靖年初，便出现了"商贾既多，土田不重，操赀交接，起落不常"的情形。到了嘉靖年末、隆庆年间，已是"末富居多，本富益少"、"贸易纷纭，诛求刻核"。及至万历年间，"金令司天，钱神卓地"，社会已形成了以金钱为主宰的状态，甚至出现了"贪婪罔极，骨肉相残"的局面。顾炎武以这个变化过程说明，商品经济中的利益勃发与纷争，必然会冲击农耕文明的安逸宁静。封闭式的农村自然经济社会出现骚动不安，必定是商业利润超过了土地经营后，才有可能出现的情况。当时，何止是徽州歙县地区是如此？它预示着大范围的封建经济行将崩溃。竞争正代替敦睦，贫富已开始分化。

明代中叶封建社会内部商品生产、商业和固有的土地制度的矛盾已很突出，所以才有万历年间宰相张居正的"一条鞭法"的实行。"一条鞭法"是符合历史潮流的措施，因而让张居正成为一代名相。顾炎武对于在商品经济发达地区实行变实物赋税为货币赋税的"一条鞭法"，持肯定的态度："一条鞭法，最称简便宜捷"。但他又认为，一条鞭法的实行应该因地制宜，要根据各地经济发展的实际情况，来决定是否实行此种税法，不应该一刀切。

顾炎武在他的著作中，还反对以"道德"的名义阻碍和破坏商品经济发展。例如，杭州素以旅游业发达著称，市民们多赖此为生，可是官府却经常以"整顿风俗"为名，对市民们的商业活动予以取缔。顾炎武在《肇域志》中引用了王士性《广志绎》卷四的有关论述指出："游观虽非朴俗，然西湖业已为游地，则细民所藉为利，日不止千金。有司时禁之，固以易俗，但渔者、舟者、戏者、市者、酤者，咸失其本业，反不便于此辈也。"在顾炎武看来，杭州旅游业的发展，对于经济的繁荣和市民生计问题的解决，具有重要作用。从事与旅游相关的商业活动，是杭州市民的"本业"。可是官府却以整顿风俗为名来破坏市民的生计，这样做，必然阻碍商品经济的发展。

顾炎武认为，经济的发展必须以尊重自然规律、维护自然界的生态平衡为前提。黄河流域生态环境的破坏并不是由于自然的变迁，而是由于人为的因素所造成的："河政之坏也，起于并水之民贪水退之利，而占佃河旁汗泽之地，不才之吏因而籍之于官，然后水无所容，而横决为害。"他以五代、宋、金三史的史料记载说明，山东梁山水泊本有方圆八百里的水面，到了明末清初，却只剩下方圆十里的面积了，可见黄河流域自然生态破坏之严重，而这种破坏，皆是由于人与水争地所造成。他说："古先王之治地也，无弃地，而亦不尽地。田间之涂九轨，有余道矣。遗山泽之分，秋水多得有所休息，有余水矣。是以功易立而难坏，年计不足而世计有余。"他引证孔子关于"无欲速"、"无见小利"的教诲来告诫人们，要有长远的眼光，不可因一时之小利而忘万年之大计。这个观点，对于我们正确处理经济发展与保护自然生态的关系、探寻可持续发展途径，仍然具有深刻的意义。

要发展商品经济，当然不能不言财言利。顾炎武在《日知录》卷十二中说："古之人君，未尝讳言财也。……民得其利，则财源通而有益于官；官专其利，则财源塞而必损于民。"他认为，关键不在于是否言财言利，而在于利民还是损民，在于"民得其利"还是"官专其利"。他说，自万历中期以来，由于"为人上者"只图"求利"，以致造成"民生愈贫，国计亦愈窘"的局面。由此，他主张实行"藏富于民"的政策，地方的富裕也就是国家的富裕，国家不必与地方争利。"利尽山泽而不取诸民，故曰此富国之策也"。

顾炎武不相信官员们"为天子为百姓"的高言宏论，认为官员们也和老百姓们一样，只有让他们有利可图，才会实心实意地致力于发展地方经济。因此，他主张君主应把权力下放给县令，让县令来"自为"。衡量县令是否称职的根本条件，是人民安居乐业，对于县令之称职者，"赏则为世官"；对于不称职者，"罚则为斩绞"；这样，县令们即使只为其私人利益考虑，也会"勉而为良吏"。以天下苍生为念，任何时候都不会是无条件的。

顾炎武治学，始终以"明学术，正人心，拨乱世，以兴太平之事"为宗旨。"博学以文，行己有耻"是他立身的准则，"行千里路，读万卷书"贯穿了他颠沛流离的一生，而"经世致用"则是他进行学术研究最响亮的口号。在"行千里路，读万卷书"的过程中，他深入各地调查研究，冷静地分析国情，正视商品经济的发展，以及所带来的各种新的社会矛盾，提出了一系列有利于促进商品经济发展的新的经济主张，具有重大的历史进步意义。今天读来，仍很耐人寻味。

语濂泾

语濂泾，一条平凡的小河，在常熟古镇东唐市（今属沙家浜镇）的永安桥、万安桥之间，与尤泾河交汇。语濂泾的西端，与水运干线张家港相联。"语濂夜泊"是唐市的一景，当地人认为足以与枫桥夜泊媲美，不过夜半传来的不是钟声，却是读书声。而语濂泾最值得一提的，是它与伟大的爱国主义学者、思想家顾炎武的名字连在一起。

1644年，吴三桂引清兵入关。第二年春，有人推荐三十三岁的顾炎武出任南京弘光小朝廷的兵部司务，他与堂叔父穆庵一起到了南京，住在朝天宫，但没多久，就发现小朝廷不得人心，索然回到了故乡。五月间，清将多铎入主南京，大学士王绎、礼部尚书钱谦益等率南明弘光小朝廷一班文武跪降。但在金坛、武进、江阴、常熟、太仓、松江、嘉定等地，相继发生反清力量的激烈抵抗。在昆山，顾炎武与昆山县令杨永言，好友归庄、吴其沆等人也投入了抗清斗争。他们与群众一起，放火烧了知县衙门，活捉了汉奸知县阎茂才，将他处死。经过20来天的战斗，终因弹尽援绝而失败。拥有五万户的昆山，死亡四万人，到处是血泊尸骸。

顾炎武带着他的嗣母王氏在大雨中逃脱。然而，他的生母被砍断了手臂，两个小弟弟均遭不幸。顾炎武从小是由嗣母抚育成人的。腥风血雨，何处是归程？嗣母王氏是常熟人，于是顾炎武奉母前往常熟。一路忍饥挨饿，乘船沿着水道语濂泾，来到了唐市。这是昆山和常熟交界的一个小镇，归常熟县管辖。

在当地文士的热心帮助下，顾炎武和嗣母王氏在唐市河西街的一处小院里住了下来。常熟城破后，王氏绝食半月而亡。临终，嗣母嘱咐顾炎武："我虽妇人，身受国恩，与国俱亡，义也。汝无为异国臣子，无负世世国恩，无忘先祖遗训，则吾可以瞑目于地下。"嗣母殉国而死，顾炎武无限伤痛，作《表哀诗》以抒述悲悼之情。他在诗题下自注云："晋孙绰作《表哀诗》，其序曰：余以薄祜，夙遭闵凶。天覆既沦，俯凭坤厚。岂悟一朝，复见孤弃。不胜哀号，作诗一首。敢冒谅暗之讥，以申罔极之痛。"

顾炎武在顺治四年（1647年）所写的《先妣王硕人行状》中又追忆："居别室中，昼则纺绩，夜观书至二更乃息……尤好观《史记》、《通鉴》及本朝政纪诸书，而于刘文成、方忠烈、于忠肃诸人事，自炎武十数岁时即举以教。"嗣母王氏确是一位非凡的传统女性，不仅知书达理，而且深明国家民族大义，嗣母的家教对顾炎武的一生有着极其重要的影响。

与千灯镇一样，语濂泾畔的唐市，地处水乡腹地，避开兵燹战乱，成了顾炎武疗治内心伤痛、思索民族命运、积聚精神动力的所在。顾炎武怀着巨大的悲愤，暂且把嗣母葬了，仍在寻找出路。他在语濂泾畔创办了一所"亭林书院"。书院坐落在河西街从善堂一侧。他在这里讲授经史，有很多人前往求学。但顾炎武并不满足于这样的生活。尽管清统治者颁布《剃发令》，他却三四年不剃发，也不愿意改装。常常与忘年交陈鼎和等志士讨论抗清复明的大事。清顺治八年，他赴南京时，还去钟山拜谒明代开国皇帝的陵寝，反清复明的意志丝毫也没有消解。

溪涧焉能留得住，终须大海作波涛。顾炎武终于下决心离开居住了多年的语濂泾，前往太湖一带参加抗清斗争。从四十五岁起，顾炎武离开家乡，渡长江，涉淮河，开始了"行千里路读万卷书"的自我放逐，直到古稀之年仍飘泊异乡。在经历了国运存亡、家道盛衰和人生聚散等种种忧患后，他终于写出了《日知录》、《天下郡国利病书》等多部宏篇巨著，流传千古。

假如顾炎武生活在今天

1613年7月15日（明万历四十一年五月二十八日），一代儒宗、思想家顾炎武先生诞生于昆山千灯镇的蒋泾。时光荏苒，转眼间已有400年了。行走在充满现代气息的城市，我忽然冒出一个念头：假如顾炎武生活在今天，他还会别离故土，北上游学，"行千里路，读万卷书"吗？他又该如何践行"天下兴亡，匹夫有责"呢？

明末，国事溃败，民不聊生。顾炎武有感于国家多难，应举试却名落孙山，于是选择了一条学者之路，致力于经世致用之学。谁知，外患日甚，内患又起，家里更遇变故。他将祖产八百亩良田，典押给了昆山豪族叶方恒。他的族叔为侵吞顾炎武的家产，竟勾结叶方恒，谋害顾炎武，迫使他离家出走。偏偏顾氏家仆陆恩投靠叶方恒，图谋以"通海"的罪名置顾炎武于死地。顺治十二年（1655年）春，顾炎武在昆山秘密处死了陆恩。叶方恒趁机与陆恩女婿勾结，私自将顾炎武囚禁，并迫胁他自裁。一时同人不平，士林大哗。第二年，经松江府审理，终于以"杀有罪奴"为名结案。但叶方恒仍不甘休，派刺客跟踪，在南京太平门外将顾炎武刺伤，并指使歹徒洗劫顾家。

历来的史学家，纷纷探究顾炎武北游的心路历程。其实那是由多重原因造成的，为了避祸，也为了结交各地豪杰，考察山川形势，徐图复明大业。在北游的二十多年间，顾炎武胸怀救国济民的理想，遍游河南、河北、山东、山西、陕西等地，"九州岛历其七，五岳登其四"（《与戴耘野》）。在给弟子潘耒的信中，顾炎武也描述了如何颠簸流离，从未在一处住满三个月，一年之中有一半时间寄宿旅店的状况。

"行千里路，读万卷书"，是中国文化人普遍的理想，自从小便接受庭训，真正能做到的却不多。顾炎武做到了。他是在一种半自觉半被迫的状态下做到的。途中，这位马背上的学者以二马二骡承载书册，边走边读，从未倦怠。有时行走在平原荒野间，未免寂寥。他骑在马上，大声地朗诵前人的经史诗词，为自己壮行。在博览群书、实地调查、"采铜于山"的同时，著书不辍，终成名满天下的大学者。而一个很有意思的现象是，与他同时代的另一位思想家王夫之，因明亡以后身处湘西的穷乡僻壤，与外界隔绝，长期不为世人所知。

顾炎武在给朋友的书信中一再说明，他所著的《日知录》、《音学五书》、《天下郡国利病书》等，不是为今人所用，而是为将来的王者治国平天下所用的。他试图通过对经学、历史、典章制度的研究，探索出切实可行的治国安邦的制度和措施，他深信："远路不需愁日暮，老年终自望河清。"尽管处境困顿，胸中的希望之火，始终没有熄灭。

假如在今天，顾炎武该如何？北游，乃至南游、东游、西游，并非难事。"行千里路，读万卷书"，他可以享受便捷的交通、舒适的环境、丰富的资讯，可以关心现实世界，在助手的协理下，一心一意研究"当世之务"。他不必变卖家产，离乡背井，死后才由嗣子衍生扶柩回归魂牵梦萦的故土，更不必期待自己的研究成果在若干年以后再发挥作用。

然而，假如行千里路易如反掌，读万卷书难似登天，他依然能写出那些煌煌巨著，彪炳史册吗？

耐人寻味的是，广袤的江南大地400年来仅仅出了一个顾炎武，似乎很少有人超越他。及至今天，那么多的专家学者，皓首穷经，为探寻经世致用的至理而努力，却比不上顾炎武的影响力，这未免令人沮丧。是因为天崩地裂的时代和颠沛流离的生活才能造就一代伟人，还是因为历史的规律就是如此？是因为时代已不需要顾炎武这样的学者，还是生活的目标和方式已大大改变？人们给经世致用敷上了功利色彩。我们的生活太过功利，做学问也难出其左。

确实，顾炎武的经营才能，是毋庸置疑的。在《天下郡国利病书》中，他多次记载了吴中地区工商兴盛的景象：老百姓不喜欢购置田产，而热衷于招商

亭林祠

引资,街巷间商铺林立,令人眼花缭乱。太湖边的老百姓,虽然以耕田捕鱼为主,但是也不忘做些小买卖,无论男女,都擅长织布、织席、采石、造器。顾炎武的故乡昆山,很早以前就"以善贸易,好市利,尚虚礼,美呼称"著称(见元《至正昆山郡志》)。古镇周庄,更有悠久的经商传统。这里曾经诞生了沈万三那样的巨富,他利用耕殖作原始积累,又经由东江出海通番,赢得了难以计数的财富,乃至"富可敌国",连朱元璋都为之眼红。

顾炎武不仅很关注这些经济现象,自己也身体力行。清康熙五年(1666年),五十四岁的顾炎武,利用清朝奖励垦荒的政策,与友人李因笃、傅山等二十余人,策划到山西代州(今代县)集资买地,以股份合作制的形式,在雁门关之北,五台山之东,披荆斩棘,开垦荒地。想效法东汉名将马援，在边塞创业。所获的盈利，除了供应日常的开支，还有所积蓄，打算作日后的活动经费。

顾炎武先生几乎是以毕生的精力，编纂了他的代表作《日知录》。一开始，他就对这部巨著的内容有三方面的设计，一是经义，二是治道，三是博闻。所谓"经义"，就是以新义诠释古经；所谓"治道"，就是分析社会经济情况，以取得社会兴隆之法；所谓"博闻"，就是提供各种有用的知识。从根本上来说，他是为了对传统史书中所存在的局限和缺陷进行弥补，才不惜苦心孤诣、撰写这部巨著的。提出"天下兴亡，匹夫有责"的缘由，也在于此。

> 有亡国，有亡天下。亡国与亡天下奚辨？曰：易姓改号，谓之亡国；仁义充塞，而至于率兽食人，人将相食，谓之亡天下……是故知保天下，然后知保其国。保国者其君其臣，肉食者谋之；保天下者，匹夫之贱与有责焉耳矣。

"国家"和"天下"，一直是被混淆的两个概念。顾炎武作了明确区分。他认为，亡国和亡天下是两个不同的范畴。易姓改号，改朝换代，即亡国，这类事只须由君臣和肉食者们去关心；败义伤教，无君无父，即封建伦理道德的沦丧，才是亡天下，这类事高于亡国，比亡国更危险，就必须动员广大人民，主要是在野的士大夫们共同参与，一起来保天下。所谓"亡天下"，并不仅仅指明亡于清；所谓"保天下"，也不是仅仅指试图反清复明，主要是指对封建伦理道德沦丧的挽救。

后来，清末维新运动领袖梁启超将顾炎武在《日知录》中的这段论述，归纳成八个字："天下兴亡，匹夫有责！"

清代末年，章太炎在《革命之道德》一文中说："匹夫之责说，今人以为常谈，不悟其所重者，乃在保持道德，而非政治经济之云云。"

正是有了道德内涵，有了知耻之心，"天下兴亡，匹夫有责"才能摆脱政治瓜葛，抛开利害关系，融入自觉的意识，成为每一个普通人应尽的责任。这句名言，反映了顾炎武"拯斯人于涂炭，为万世开太平"的宏大胸怀，体现了他试图改革弊政，打击封建地主阶级中的腐朽力量的强烈愿望，犹如沉沉云帷中的一道闪电，一声惊雷。

……遨游四方，驰驱边塞，览山河而赋诗，指营垒而凭吊，快矣哉！前人不能及也。使兄不遇讼，不避仇，不破家，则一江南富人之有文才者，岂能身涉万里，名满天下哉！

顾炎武当年的好朋友归庄如此评价的一生。看来，对于一个学富八车的江南才子来说，在那个环境中艰苦地研究与国计民生有关的问题，引古筹今、经世致用，是一种理智的选择，也多少有些无奈。到了今天，假如顾炎武先生仍然活着，我想他还是要振臂疾呼"天下兴亡，匹夫有责"。这是为了让民众知道，这是每个人都义不容辞应该担当的。"君子不耻身之贱，耻道之不行"，社会风气的好坏与我们息息相关。

十年前，一项对北京高校大学生的问卷调查显示，对于"保尔和盖茨谁是你的榜样"这个问题，选择盖茨的占44.2%，选择保尔的占13%。保尔精神仍然给人们以启迪，但很多青年人倾向于选择盖茨为榜样。他们既注重精神价值，更注重物质价值。"金钱不是万能，但没有金钱是万万不能"的观点，得到普遍的认同。然而，当比尔·盖茨也提出要将自己的财富"裸捐"，表示"我和妻子希望以最能够产生正面影响的方法回馈社会"，这是否印证了顾炎武先生"天下兴亡，匹夫有责"的名言呢？

读 人

圆周率的诞生地

圆周率是在哪儿诞生的？换言之，圆周率是祖冲之在华林学省时的职务发明，还是他在娄县令任上的业余创造？历来有争议。唯有一点谁也不怀疑，南朝宋大明年间，祖冲之将圆周率精确到了小数点后7位，这个研究成就比欧洲人早了一千多年。

公元429年，籍贯范阳遒县（今河北涞水）的祖冲之，出生于南京。据《南史》卷七十二载："祖冲之，字文远，范阳遒人也。曾祖台之，晋侍中。祖昌，宋大匠卿。父朔之，奉朝请。冲之少稽古，有机思。"南朝时，为了躲避战乱，祖冲之的祖父祖昌由河北迁往江南。祖昌曾在朝廷担任大匠卿，掌管土木工程。祖冲之的父亲也在朝中做过官。受家庭的影响，祖冲之从小就喜欢读书，志向也与众不同。用他自己的话说："臣少锐愚，尚专攻数术"（《大明历议》）。对

祖冲之像

于数学的兴趣，远远高于同龄人。二十五岁时，有"博学"之称的祖冲之，就凭着自己的聪明才智，进入了学术研究机关——华林学省。三十一岁时，任南徐州从事史——这个职务相当于今天行政部门的科长，居住在京口（今镇江）。三年后，被任命为娄县令。这位地方长官管辖的范围很广，吴淞江沿岸，包括今天上海的大部分地区，都是娄县的辖区，最东面临近大海。祖冲之在娄县任职八年，四十二岁时才调往建康（南京）任谒者仆射。

事实上，中国不只祖冲之一位数学家，圆周率也并不仅仅是祖冲之的发现。在他之前，三国时期的著名数学家刘徽就用割圆术，将圆周率精确到小数点后3位。祖冲之是在刘徽的基础上，纠正了错讹，将圆周率精确到小数点后7位。这是一个划时代的重要突破。

祖冲之是和儿子祖暅一起从事圆周率研究的。他们在一间宽敞大屋的地上画了一个直径1丈的大圆。从内接正6边形开始计算，12边形、24边形、48边形地翻番，一直算到96边形，计算的结果与刘徽一样。继而，内接边数逐次翻番，边数每翻一次，就要进行7次加减运算、2次乘方、2次开方，运算的数字很大，很复杂。在当时条件下，他们的工作无疑十分困难。但祖冲之父子把边形算到24576边时，终于得出了圆周率在3.1415926和3.1415927之间，其近似分数为355/113，因此被称为"密率"。德国数学家奥托在1573年也得出了这个近似分数，可他哪里知道，1000多年前，祖冲之早已计算出来了。

祖冲之还与儿子祖暅一起，解决了球体体积的计算问题。他们采用的原理，后来在西方被称为"卡瓦列利"（Cavalieri）原理，是在祖冲之后1000多年由意大利数学家卡瓦列利发现的。为了纪念祖氏父子的重大贡献，数学界称之为"祖原理"。

计算出圆周率的地点，有人认为是在建康。理由大致有两条：

一是祖冲之除了去南徐州、娄县任职，一生的大部分时间是在建康（今南京）度过的。他于宋大明六年（公元462年）编制成《大明历》，直到梁武帝天监九年（公元510年）即祖冲之死后十年，才正式颁布施行。计算圆周率，正是为了编制《大明历》。所以说，在公元462年之前，他就计算出了圆周率。《隋书·律历志》说祖冲之在南朝的宋末演算出圆周率，而此时他正在建康总明观。

二是祖冲之在娄县做县令，公务繁忙，为历法而作观测，已十分不易，无暇进行计算圆周率这样繁重的工作。祖冲之决不"虚推古人"，而要"搜炼古今"。他钻研了古代科学家刘歆、张衡、阚泽、刘徽、刘洪等人的著述，"昔以暇日，撰正众谬"，"考影弥年，穷察毫微"，同时借鉴了许多有益的东西，特别是《元嘉历》、《九章算术》等。这些相关的资料，只有华学林省及总明观才有，边陲小县（指娄县）根本不可能找到。

这种观点看似正确，却出自臆想，缺乏依据。

《隋书·律历志》中有关于圆周率的记载，确是目前为止最具权威性的："宋末南徐州从事史祖冲之更开密法……又设开差幂、开差立，兼以正圆参之。指要精密，算氏之最者也。所著之书，名为《缀术》，学官莫能究其深奥，是故废而不理。"这一段文字不长，但对于研究圆周率的诞生地，具有重要的作用。

南朝宋（420—479年），南北朝时代南朝的第一个朝代。尽管社会动荡分裂，由于佛教在中土的传播，人们的思想十分活跃，出现诸多"新变"。这是祖冲之钻研数学和天文历法的时代背景。查《祖冲之生平年表》，可以看出，他于南朝宋大明八年（公元464年）担任娄县令，直到泰豫元年（公元472年）左右才离开。常识告诉我们，一个男人从三十四岁到四十二岁，是一生创造力最为旺盛的。对于祖冲之这种从小有志于科学发明的人尤其如此。何况，《大明历》尚未被皇帝采纳，意味着还有某些改进之处，他在娄县令任上无论怎样繁忙，也不能不弹精竭虑继续完善。

再从年龄分析。祖冲之四十来岁时，儿子祖暅十七八岁，恰好可以协助父亲作圆周率研究。这与祖暅"少传家业，究极精微，亦有巧思入神之妙，般、倕无以过也"（《南史》本传），是对应的。如果说祖冲之在公元462年前就已经算出了圆周率，祖暅只有七八岁，怎么可能成为父亲的得力助手？再假设，公元462年祖暅十八岁，那么他于南朝梁天监三年（公元504年）任散骑侍郎时，已经年届花甲。天监八年（公元509年），又"上疏论历"，向皇帝推荐父亲祖冲之的《大明历》，终于被采纳。普通六年（公元525年）随豫章王萧综入北朝，已是耄耋之年，此后怎么可能再担任南康太守？又何以"精于算，所述颇有精妙独到之处，于南朝允为独步矣"（《祖暅别传》）？

河北省祖冲之研究会秘书长张泽与他的助手靳凤羽，撰写了一部《祖冲之——旷世奇才》。在这部纪实文学中，有一章《独步峰巅》，详细地描绘了祖冲之在娄县令任上如何编创、修改《缀术》的过程。《缀术》是他在天文历法研究、改革度量衡、注解《九章算术》的基础上写成的。圆周率的研究成果当然列为重要内容。内容丰富而又深奥，后来甚至连隋代负责数学教育的官员都看不懂。到了唐代，终于被列为国学的数学教科书，并且流传至日本、朝鲜。遗憾的是，《缀术》六卷，以及他的《九章述义注》九卷、《重差注》一卷等等，均已失传。《南史》、《南齐书》等史书的祖冲之传，也只字不提圆周率，只说他"特善算"。这就为今天的研究带来了障碍。

我无意贬低六朝古都的科技成就。六朝时期的"建康文明"足以与西方最辉煌的"古罗马文明"媲美。然而，在娄县担任地方小吏，为什么就不能有伟大的发明创造？在大都市当大官，就一定能作大贡献？这恐怕是一种蛮横的逻辑。华林学省作为一个专门研究学术的官署，确实拥有大量天文、历法、术算方面的国家藏书，研究条件自不必说，可这仅仅是外部因素。决定研究成果的，终究是科学家本人的努力。我们都知道的数学家陈景润，在"文革"岁月中被关进牛棚，他不顾一切挑战智力极限，破解了哥德巴赫猜想。当时的娄县，民丰物阜、秀美安谧，这样的环境，不是为祖冲之提供了良好的思维空间吗？

应该说，确有许多学者认为，圆周率是祖冲之在上表推行《大明历》之前，也就是公元462年之前完成的。

我国历代都有研究天文的官，并且根据研究天文的结果来制定历法。到了南朝宋代的时候，历法已经有很大进步，但祖冲之认为还不够精确。他根据长期观察的结果，创制出一部新的历法，叫做《大明历》（"大明"是宋孝武帝的年号）。这种历法测定的每一回归年（也就是两年冬至点之间的时间）的天数，与现代科学测定的相差只有五十秒；测定月亮环行一周的天数，与现代科学测定的相差不到一秒，可见它的精确程度了。

公元462年，祖冲之请求宋孝武帝颁布新历，孝武帝召集大臣商议。那时，守旧派的代表、大臣戴法兴出来反对，认为祖冲之擅自改变古历，是离经叛道的行为。祖冲之当场用他研究的数据回驳了戴法兴。戴法兴依仗皇帝宠幸，蛮横地说："历法是古人制定的，后代的人不应该改动。"祖冲之一点也不胆怯，严肃地回应说："你如果有事实根据，就只管拿出来辩论，不要拿空话吓唬人！"宋孝武帝支持戴法兴，找了一些懂得历法的人跟祖冲之辩论，一个个都被祖冲之驳倒。但宋孝武帝依然不肯颁布新历。直到祖冲之死十年，《大明历》才得到推行。

祖冲之的《〈大明历〉议》，便是他向皇帝申述自己的观点，并理直气壮驳斥戴法兴的记录。这篇文献与唐《〈大衍历〉议》、元《〈授时历〉议》一起，成为中国古历法研究的重要资料。

然而，也有学者说，公元464年祖冲之调至娄县(今昆山)任县令，在此期间观测并记录天象，开始谋划编制《大明历》。这与祖冲之公元462年上表推行《大明历》的说法明显不一致。与《隋书·律历志》说祖冲之在南朝宋末演算出圆周率，也不一致。

祖冲之在娄县令任上，曾断过一件"弧田案"。初到娄县时，有一个星溪（今正仪）人冲进大堂，喊叫冤枉。祖冲之和气地注视他，容他慢慢申述。那人禀报，他家有一块祖传的弧形田在阳澄湖畔，不足一亩，可是乡佐却要算作三亩，不仅要他按照三亩缴纳赋税，还要补交以往的亏欠。祖冲之听完，立即命令县丞带领役从亲自去星溪，丈量那块弧形田弦和矢的尺寸。很快，丈量结果出来了。与此同时，乡佐也被唤上大堂。祖冲之说："弦矢相乘，矢又自乘，并之二而一……"一连串数字从他嘴里报出，很快有了结果。这块弧形田连两分还不到，怎么可能作算三亩？乡佐和役从为祖冲之的神机妙算而惊叹，不由面面相觑。祖冲之随即叮嘱道："尔等尽速将田地重新测量，一一核实，切不可亏待百姓。环田、圭田、箕田，更要格外仔细……"

娄县的百姓闻听这个消息，无不拍手称快。

这是一个民间传说。然而，因为塑造了祖冲之作为父母官兼数学家的美好形象，四处流传。

这个故事告诉我们，弄清楚圆周率的诞生地，其实并不重要。祖冲之和圆周率永远是中华民族的骄傲。到了今天，让科学技术更好地为现代化服务，为老百姓造福，才最值得称道。

南武人王韬

王韬像

被称为东西文化交流第一人的王韬,原名利宾。先祖居住在昆山,从他的祖父起,迁移至甪直(今属苏州吴中区)。母亲姓朱,出生于昆山锦溪镇诗礼之家,五岁时母亲就给他口授字义,对他影响不小。王韬十八岁时到昆山应县考,以第一名的成绩考中秀才,进入县学。

《漫游随录》是王韬的一部游记集。他以时间为序,追忆一生的游踪,其中之一,记叙了赴昆山县试时登临玉峰山的情景。那天考试后,他兴致很好,与朋友大游玉峰山,登上百里楼,"御风而行,衣袂飘举"。在玉峰山绝顶处,他迎风披襟,大喊"快哉,此大王之雄风也"。

但王韬仕途不顺,后至金陵应试落第,这对他的刺激很深。无奈中他去母亲的老家锦溪镇设馆教书,致力于经史之学,并写下了这样的诗句:

>寂寞锦溪路，萧条淞浦滨。
>
>橐笔情无限，捻书愿未真。
>
>交游长契阔，世事剧艰辛。
>
>地僻客朋少，村深风俗醇。
>
>检点诗篇富，登临景物新……

也许是上述原因，王韬一直说自己是昆山人。他在《答潘伟如中丞书》中自称："韬，南武人甿人也。"《蘅华馆日记》封面也自署为"南武王瀚"。南武（或武城）是昆山的一个别称，王瀚则是他考中秀才后改的名字。

清道光二十九年（1849年），锦溪、甪直一带洪水泛滥，农田受灾，教书收入随之减少。六月，以教席维系五口之家生活的父亲王昌桂又不幸病逝。幸好在这时，王韬接到了英国传教士麦都斯的邀请，到上海墨海书馆参加编校译书工作。在那里，他广泛接触到西方的科学文化和思想方式，同时也向人们介绍西方科学文化，长达十三年。直到清同治元年（1862年）因涉案被官府缉拿，才亡命香港，改名王韬，从事著述、翻译和办报活动。中国新闻史上第一份以政论著称的《循环日报》就是他在香港创办的，并自任主笔十年之久。他在《循环日报》上发表了800余篇政论，鼓吹中国必须变法，兴办铁路、造船、纺织等工业以自强。王韬的变法维新政论，被清廷重臣李鸿章刮目相看，认为他是"不世英才，胸罗万有"，希望能够召罗为用。

王韬在咸丰四年（1854年）八九月间，曾受聘于麦都斯、慕维廉两位牧师，在松江、华亭、吴江、太湖洞庭山以散发小册子的方式传教。他的《蘅华馆日记》每天都有记载。五年后的咸丰九年农历二月，王韬在日记里写下了这么一段："十有六日丁巳（3月20日）清晨，同恂如、雨亭、岭梅买舟至玉峰，午刻始到……予上岸瞥见人丛中有慕君维廉在焉。口授指画，娓娓弗倦。因迂道避之，于小桥边茶寮啜茗，习之凌君、静如严君皆来合并。继往新庙，见士女如云，观者如堵，皆来听慕君说法也。"

原来，那天昆山举行科试，王韬正好也与朋友一起乘船去应考。没想到，传教士慕维廉抓住州县科试的机会，在拥挤的人丛中露天宣讲教义，宣讲的对象就是那些青年学子。王韬五年前曾经追随慕维廉牧师传教，谁知在昆山街头又不意撞见慕维廉。为了避免尴尬，他急忙躲进小桥边的茶馆里，佯装和朋友闲聊，否则真不知道该如何解释。

这段轶事，说明了王韬骨子里还是贮满了中国传统文化。

黄炎培与徐公桥试验区

近日读黄方毅（黄炎培之子）先生为纪念三联书店创立八十周年所写的文章《黄炎培、邹韬奋与〈生活周刊〉》（《读书》2012年第二期），其中谈到黄炎培于1917年5月在上海发起成立中华职业教育社，后来在昆山县徐公桥开设乡村教育试验区，把职业教育推向了乡村。我联想起花桥镇徐公桥现存的民国建筑大年堂，颇有些感慨。大年堂并非高楼大厦，却见证着黄炎培先生实践职业教育理想、改造农村社会的历史，保留至今，功莫大焉。

最初对黄炎培这个名字留下深刻印象，是知道他1945年应邀访问延安时，与毛泽东有过一段谈话，后人称之为"窑洞对"。其实，黄炎培作为民主党派人士，在教育方面的贡献更为显著。当初蒋介石对黄炎培也很仰慕，将长子蒋经国送到由他担任校长的浦东中学读书。蒋经国把作文寄给父亲阅读，老蒋很满意，随即把次子蒋纬国也送来读书。尽管后来国民党在上海发动"四一二"政变，不仅职教社被捣毁，黄炎培也在通缉之列。

黄炎培在20世纪20年代就注重职业教育，这体现了他的远见卓识。1925年，中华职业教育社提出一份《试验农村改进计划》，列举了改进农村的二十一项事业，包括农事、工艺、义务教育、平民教育等。这一主张得到了本社同仁和其他教育机构、学术团体的支持。1926年5月初，中华教育改进社、中华平民教育促进会等与职教社签订了合作协议书，共同创办实验区。经过商议，他们决定把临近上海的昆山县徐公桥作为第一实验区，"以计划并促进徐公桥乡村自治、教育普及、生产充裕、娱乐改良为宗旨"。

1928年4月改进区举行成立大会，黄炎培、江问渔、杨卫玉、姚惠泉等创办者和知名人士纷纷出席。会场主席台两边的大红对联是："无旷土、无游民，向一剪淞波影里，小试农桑，乃亦有秋，聊慰治平新梦想；出相望、守相助，喜千家劫火光中,时还耕读,毋忘在莒,请看甲子旧烧痕!"由此不难看出创办者的崇高理想。后来,董事会专门聘请教育家黄齐生(王若飞烈士的舅父)为总干事兼徐公桥主任,负责日常公务。

从1928—1934年,在长达六年多的徐公桥乡村改进实验区的过程中,黄炎培组织职教社的教员和学员齐心协力,实施了一系列改革。例如推广农业技术、改变农民靠天吃饭的迷信思想、筹资办理无息贷款、宣传卫生常识、预防传染病等等。在夏季,甚至规定每个小学生每天要消灭一百只苍蝇,作为考试成绩。地处苏沪交界处的徐公桥,河流纵横,阡陌交错。改进会还发动群众一起修桥筑路,造福乡民。

徐公桥乡村改进试验区明确提出了"富教合一"的指导方针。所谓"富教合一",是指一方面传授致富方法,一方面让人获得人生实用知识和道德行为的训练。这种教育是跟着致富的方法走,以物质为基本的,不是谈空话大话。"富教合一"最重要的做法,是推行强制性的义务教育,这是徐公桥试验区的最大特点。试验区制定了一份《普及义务教育办法大纲》,规定三十岁以下的男女民众,必须就近入学。同时明确了奖惩措施。凡遵守《大纲》的民众,到试验区合作碾米厂碾米,或砻谷、打水,均可享受九五折优惠。对于家庭困难,需要贷款上学的家庭,改进会合作社将优先予以借贷;家庭是佃农的,可由改进会与田主商量,每亩地每年可少交米1斗;如果家庭发生特殊困难,则可向改进会申请资助。相反,对于不遵守规定的民众,则由乡(镇)长劝告,或由公安局进行警告,乃至予以相当的经济处罚。这样做,促使义务教育的推行取得了良好效果。1928年徐公桥全区识字的成人为560人,1934年达到1524人,六年间增加了964人。在改进农业生产技术、改善农村金融的同时,促进了当地经济发展,农民的自治意识和文明生活方式,也有了明显改善。

"问学茶香美,悬书米价同。无愁新税重,不问岁凶丰",黄炎培先生在《徐公桥晓行》一诗中,满怀热忱描绘了试验区的景象。徐公桥几乎成了一处令人神往的世外桃源。

试验结束后，黄炎培先生还写下题为《从六年半的徐公桥得到改进乡村的小小经验》的长文。在这篇总结经验教训的文章中，他十分客观地说："我们很早决定我们的工作性质，我们立脚点很是分明的。徐公桥是徐公桥人的徐公桥，我们站在客位上帮助他们建设成功。我们是客卿，是剧场的票友，说明在先。若干时期以后，交还他们自办的……我们一班同志，都是站在教育方面的。可是踏进徐公桥，决不敢摆出我们老架子。我们认定孔子遗教'君子信而后劳其民，未信则以为厉己也'（《论语》），很想先从'信'字打些基础。

"我们的理想要把中国治好，无疑的须着重下级政治，最下级乡政，次之县政。……分析说来，无论乡政或县政。该分若干项，某项分若干目，进行时这样办法比较好，那样办法比较坏，乃至组织方法、施行规则，种种图表簿籍及其他文件，都有现成的式样可以参考。现在东一处，西一处，尽管各自试验，经过若干时间，一切都有公认良善的办法。所有乡政或县政，造成了轨道，使普通都可以仿办，或者于下级政治的改进，得一较好的基础。"

当时，在徐公桥乡村改进试验区，很多人都会唱一首歌曲《为了一线希望》：

> 为了一线希望，我才努力向上。
> 振作精神，开发思想，
> 把人生学问，都记在心头上，
> 在失意时这样，在得意时也是这样。
> 我的努力向上，只为了一线希望。

歌词简明、开朗、向上，很容易流行。然而，由于黄炎培积极投身民主爱国运动，为国民党蒋介石所不容，六年期满后，徐公桥乡村改进区的试验，再也无法继续推行下去。黄炎培和他职教社同仁们的希望与梦想，遭受了很大挫折。

大年堂，位于徐公桥村东学校校园内。原来是纺织实业家黄大年的私宅，始建于民国十七年（1928年）。民国三十八年（1949年）初，黄肇中、黄肇基、黄肇明、黄肇德四兄弟为纪念父亲黄大年，捐资建造成两层楼宇，正式命名为大年堂。歇山顶，清水红墙，端庄大方。正门上嵌有著名画家吴湖帆先生题写的碑石。建造时，还专门成立了"大年堂建筑委员会"。建筑面积达350平方米，在粉墙黛瓦的乡村民居映衬下，十分引人瞩目。当年，徐公桥乡村改进试验区曾把这里作为办公地点，而把旁边的无逸堂作为民众大礼堂。建造无逸堂时，中华职业教育社为添置设备和修建体育场给予一定经费支持。可惜上世纪80年代初因翻建校舍而被拆除。大年堂至今仍保存完整，被列为昆山市文物保护单位。

站在这幢具有特殊意义的建筑前，抚今追昔，我们在感受中国知识分子为振兴民族而艰辛努力的同时，不能不为黄炎培先生实践职业教育理想、改造农村社会的精神深感钦佩，并思索在现代化、城市化进程中新农村的发展之路。

归有光与魏校的师生相

归有光像

魏校,号庄渠,明代理学家,归有光的老师。他学问很渊博,上之天文,下之地理,近之人伦,远之物理,都研精覃思。二十四岁就在星溪(今正仪)讲学,常常有一百多人跟从他。明弘治年间进士及第,担任南京刑部主事,后来升任为郎中。嘉靖元年(1522年),任太常寺卿、监国子祭酒。著作有《周礼沿革传》、《周礼义疏》、《大学指归》、《魏庄渠粹言》、《巷牖录》、《庄渠遗书》、《庄渠诗稿全编》等。

归有光不仅当了魏校的学生,还娶了魏校的弟弟光禄寺典簿魏庠的女儿为妻。两人是师生,也是亲属。魏氏是嘉靖七年时嫁给归有光的。五年后的冬十月庚子,她不幸因病逝世。八年以后,归有光仍记得很清楚,她死的时候是什么样子。所以特意在《项脊轩志》一文中,借助一棵枇杷树,在它的身上寄寓自己极度的哀伤。

归有光求学时,并不盲目接纳,而是以老师的学说向老师提出各种质疑。魏校很欣赏他的做法，丝毫也不认为归有光是在为难自己。正因为如此，他们之间经常相互切磋，结下深厚情谊，也形成了有诸多共同点的"师生相"。

比如，魏校做学问讲求融会贯通，归于涵养仁心，被奉为"主静之学"。当时的李献吉和唐应德都以诗文享有盛誉。魏校却一针见血地对李献吉说："你才气很高，然而虚志和骄傲损害了为文之道。"又对唐应德说："你闭门读书，不知是为了求放心，还是遮人眼目？这无异于玩物丧志。"两人听了，都对他直率的批评心悦诚服。

归有光论文，观点非常鲜明。嘉靖、万历年间，以李攀龙、王世贞为首的后七子继承了"文必秦汉，诗必盛唐"的复古主张，并且变本加厉，文坛上弥漫着摹仿剽窃的恶劣风气。归有光在他最著名的论文《〈项思尧文集〉序》里，明确地表明了他的唐宋派观点。他认为，宋元诸名家足以与古人相颉颃，和秦汉派"文必两汉，诗必盛唐，大历以后书勿读"的主张针锋相对。文中还提出了两个很深刻的见解。一、文章与天地同流，权势虽能荣辱毁誉其人，却不能奈文章何。二、文章的价值，作者应有自己的判断，这与杜甫所说"文章千古事，得失寸心知"有异曲同工之妙。这充分显示了归有光在浑浊的世风中高标异帜、特立独行的人格力量。文中把后七子领袖王世贞批评为"一二妄庸人"。王世贞官至南京刑部尚书，主盟文坛达二十年。

尽管归有光当时只是个独抱遗经于安亭江上的老举子，却直斥声名显赫的王世贞，足以看出他的战斗精神。有意思的是，最早有力地肯定了归有光散文成就的，却是他的论敌王世贞。归有光逝世后，王世贞专门做了一篇《归太仆赞》，对归有光的文学主张和风格表示赞赏，对自己早先的见解有所追悔。

又比如，魏校在当南京刑部主事八年期间，从不胡判乱惩，任意鞭挞一人。每次审讯重囚，他都要先斋居默念，宁静心境。发现有冤屈的囚犯，别人不敢轻易释放，他却果断地判决了。魏校被誉为"南都四君子"之一，为人很有骨气，当时的太监刘琅党同伐异，不少人怯于权势，纷纷拍他的马屁。惟独魏校不买账，不跟他来往。

归有光六十岁时考中进士,继而当了浙江长兴县令。上任后,他以"惠爱"的思想治理政事。归有光审理案件的方法很有人情味,常常允许妇女儿童围观。他耐心细致地问清原委,才作出决断,不轻易将人投入狱中。有一次,小小的长兴县送上会审的狱囚文册中,竟开列七十九名死囚,令人瞠目。阴暗的监狱里人满为患。归有光看到囚犯们那种蓬头垢面、伏地哀号的惨状,顿时生出恻隐之心。他想,即使这些囚犯是罪有应得,也有值得哀矜之处。经过认真调查,发现有很多人是无辜枉滥者。有六十人被宜兴县坐指为盗,有十三户平民被乌程县(今湖州)诬为盗贼,归有光察知实情后,移文至两县,分别为他们昭雪。往日从太湖至湖州,商贾多被剽掠,经过三年整治,长兴风气大为好转,船只安心在太湖上行驶,乡间夜不鸣犬。

魏校天生异乎寻常的聪明,又少年老成。《康熙昆山县志稿》说他"生而颖异,读书一目四行下。自为儿时,容止俨然若老成人"。明弘治十八年(1505年),他二十来岁就考中进士。廷试原打算列第一,皇帝阅对策时觉得用语有不妥之处,改置二甲。

归有光也是八九岁就能写文章,十岁时所写的应制文《乞醯》,洋洋数千字,读到的人无不赞叹他早慧。有一次,他外出看见路边的一堆枯骨,盘桓良久,居然"瘗而铭之"。父亲以赞赏的口吻把这件事情讲给了他的朋友吴纯甫听。吴纯甫十分惊讶地说:"这孩子将来会成为司马迁、班固那样的人!"明嘉靖四十四年(1565年),归有光六十岁时,考中了三甲进士。也许是被人做了手脚,归有光跟他的老师一样,没有如愿以偿得到第一名。

顺便提一句,魏校逝世后,归有光为他编了《庄渠遗书》,卷九记录了明正德十六年(1521年)魏校在广东当钦差大臣时所写的《谕民文》,其中有"倡优隶卒之家,子弟不许妄送社学","不许造唱淫曲,搬演历代帝王,讪谤古今,违者拿问"等词句。不少专家认为,这是广东有关戏剧最早的文字记录。师生俩出生在昆曲发源地昆山,对戏曲的关注与众不同。

龚贤的半千与半亩

明万历四十七年（1619年）冬，龚贤在昆山渡桥镇出生（这里今天已经成为北城区的一部分）。十一岁时，随祖父和父亲迁居上元(今南京)。祖父和父亲都迁官入川，从此音讯杳然。他随继母王氏留寓南京，没有同行。渡桥，即城北杜桥村，如今已并入城区，在环庆路附近。20世纪80年代时，村外仍有墓廓，但没有发现任何遗存。这很可能是龚贤逝世后，归葬故里，在友人孔尚任的帮助下修筑的。

龚贤，字半千、半亩。他的别号中，有不少与"半"有关，如半亩居人、半庵、半山野老、半山野贤、半千丈等等。一个半字，透现了几分自嘲的意味。用一位日本研究者的话说，明朝灭亡以后未殉死而活下来的人，在不同程度上都陷入自我意识过剩的自虐状态。与许多明朝遗民一样，龚贤始终渴望从清军手里收复失地，恢复故朝。在他书画作品中用得较多的"半千"，寄寓着他心目中存在的半壁江山。他总是觉得自己没有为明朝尽到应尽的职责。事实上，他空怀报国壮志，胸中只有永远的痛惜和遗憾。

如果从艺术创作的角度看，"半千"或许意味着画家永不满足，不断向艺术高峰攀登的心态。龚贤曾经评价过，当时的南京画坛"名流复有二派，有四品：曰能品、曰神品、曰逸品……余无论焉。神品者，能品中之莫可测者也。神品在能品之上，而逸品又在神品之上……能品称画师，神品称画祖，逸品几圣，无值可居，反不得不谓之画工"（《周亮工集名家山水册·跋》）。龚贤将逸品置于能品、妙品、神品之上，认为它超乎笔墨之上，不可以言语形容。他以一辈子的心血殚精竭虑、苦苦追寻的，就是逸品的境界。"半千"，透现着跋涉的艰辛。

弱冠之年，天资聪颖的龚贤开始对绘画产生浓厚兴趣。一次，有机会看到米芾的云山图，他的心灵竟为之震撼。直至四十年以后，年近花甲的龚贤作《山

龚贤作品

水》巨册,还觉得那一片云山"常悬之意表"。后来,他在清凉山隐居,以卖画为生,潜心于艺术创作,对于自己不满意的作品从来也不肯迁就姑息,"偶写一树,甚平平无奇,奈何?此时便当搁笔,竭力揣摩一番,必思一出人头地丘

錾，然后续成，不然便废此纸亦可"。

龚贤所师法的画家，可以列出一个长长的名单：董源、巨然、李成、范宽、郭熙、米芾、米友仁、王蒙、黄公望、倪云林、王绂、沈周、文徵明、文嘉、唐寅、董其昌……但他努力超越师长的影响，大胆创新，融古贯今，开拓自己个人的画风。后人说，明末清初的画坛，乃至整个17、18世纪的中国画坛，有三位画家成就最大，那就是龚贤、八大山人和石涛。不少近现代优秀的山水画家都从龚贤那里学到许多东西，认为龚贤在透视与表现手法上，颇有西方绘画的三维空间意识。

龚贤却自谦为"半"。这很耐人寻味。

在龚贤书画作品中署款最多的，是"半亩"。史料记载，龚贤四十六岁以后，从扬州返回南京，"结庐于清凉山下，葺半亩园，栽花种竹，悠然自得"，"笔墨之暇，赋诗自适"。他自写小照，着僧服，手持扫帚，作扫叶状，悬挂在楼堂内，以示与满清统治者格格不入，后人将他的旧居称之为"扫叶楼"。这段时间，他的生活虽然清贫却很安宁。半亩草堂掩映于幽篁修竹之间，柴扉，残苔，犬吠，就是作画的环境。然而就在这样的隐逸生活中，龚贤"晨起移小几畦竹中，随画随题，日得一幅，以为清课"，迎来了一生书画创作最旺盛的阶段。

"就泊心无事，平看麦陇青，远天屯宿雾，寒水滴疏星。土俗那须问，乡音喜渐听。新诗吾索汝，半夜酒初醒"。这是龚贤大量诗作中的一首，字里行间流露出他对乡土、自然、亲切、真挚的爱以及对宁静生活的企望。这也是龚贤山水画意境的基调。不难推测，龚贤的"半亩"，其实显现了他对于故乡渡桥的怀念。少年时代生活给人留下的印记，是永远也抹不去的。

龚贤一生没有做过官，生活十分清苦。为了维持一家的生计，晚年不仅卖画、卖字和卖文，还招收学生教画。他在清凉山隐居以后，几乎断绝了一般的应酬交往，只与周亮工、方文等几位同道故友，以及忘年交孔尚任有所来往。孔尚任曾特意前往南京拜访龚贤，卧病在床的龚贤讲了许多令人痛恨的官场轶事。十年后，孔尚任完成了名剧《桃花扇》，其中的一些情节，正是龚贤提供的。

从张香桐先生英译《朱子家训》说起

1987年5月，张香桐先生应邀赴华盛顿参加美国全国卫生研究院建院百年活动，会后去威斯康辛州麦迪逊市拜访老朋友。不幸途中发生车祸，身体受到重伤，随即被送至附近的医院抢救。幸亏医生精心治疗，脱离了危险。但仍需继续康复治疗。在孙女家里疗养期间，他注视着墙壁上那幅自己书赠孙女的《朱子家训》，引起思绪万千。一次，外国友人来访，请他解释词义，他终于萌生了把它译成英文的念头。

张香桐是一位享有国际盛誉的神经科学家，在神经生理学的领域内作出了重要贡献，1958年当选为中国科学院院士。他在英译本《朱子家训》的《译者序》中，有一段耐人寻味的话："《朱子家训》是数百年来中国社会上广泛流传的一种家庭伦理教科书。它虽然不像《论语》、《孟子》那样被视为每个学生的必读之书，但是口耳相传，家喻户晓。在塑造广大人民的行为规范和道德观念方面，起到了非常重要的作用。朋友们看过译文之后，都建议把它发表出来，让世界上更多的人共享阅读这一古典著作的乐趣。更重要的是：这本小书也许可能有助于为千百万不懂中文的外国人、海外华侨及其后裔、甚至是出生在中国大陆但没有机会读过古典著作的青年，提供一个深入了解中国文化传统的机会。"

张香桐先生英译《朱子家训》时，已是八十岁高龄，且卧病在床。但他的译文无论是用词、达意、音韵都堪称是翻译的典范。后来由上海人民出版社印成精美的册子，成为有关领导赠送外国友人的礼品。这件事至少告诉我们，对于优秀传统文化的弘扬和继承，意义深远，每一个人都应该勉力为之。

朱柏庐的《朱子家训》（或称《治家格言》），是一篇语录式的文章，一共只有五百余字，言简意赅，通俗易懂，开篇便说"黎明即起，洒扫庭除"。早晨不能贪睡懒觉，起床后打扫庭院。引申出来的意思，即欲成大事，必须从一

朱柏庐像

点一滴做起。他苦心孤诣倡导的，无非是居家要"一粥一饭，当思来处不易；半丝半缕，恒念物力维艰"；为人要"居身务期质朴，教子要有义方"；处世"莫贪意外之财，莫饮过量之酒"，以构成"家门和顺，虽饔飧不济，亦有余欢"的家风。

《朱子家训》主张勤俭持家，不贪便宜，公平厚道，诚实待人，与人为善，力戒色欲和浮华，反对见利忘义，这些观点至今仍有一定的积极意义。他以循循善诱的方式彰显的，是作为人的一种操守，一种品行，一种修养。假如每个人都遵照家训去做了，作为社会基本细胞的家庭就健全了，社会秩序也就和谐了。

如果查阅一下史料，我们可以知道，四川巴江人廖纶于清同治七年（1868年）任新阳县令。他一上任，便在玉山书院西创立了孝定祠（朱柏庐逝世后，私谥为孝定先生）。每逢朔望，也就是月半或月末，廖纶常常率领士绅们去孝定祠洒扫祭拜。不仅如此，还恭恭敬敬地以楷书抄写了《治家格言》，镌刻成碑，安放在祠堂墙壁间。至今廖纶手书的刻碑仍保留在昆山文物部门。作为一县之长，他对于朱柏庐先生这样尊重，必然产生很大的影响。所以昆山地方志说："提倡理学，儒风为振。"

《朱子家训》不只在诞生地被推崇，在其他地方也流传很广。我曾经在丽江古城、北京颐和园和江阴刘天华故居等地旅游时，无意间看见手书的条幅或碑拓。在网络上浏览，也不难发现不少书法家以《朱子家训》为题材创作的作品。

值得一提的是联合国将每年的10月31日确定为"世界勤俭日"。这意味着全世界的人们都在呼唤勤俭。勤俭究竟是什么？在朱柏庐先生看来，就是"一粥一饭，当思来处不易；半丝半缕，恒念物力维艰"。一个非常简单的认识，做起来也容易，却成为中华民族的传统美德。所谓勤俭，并不是让人当苦行僧。朱柏庐又说："器具质而洁，瓦缶胜金玉；饮食约而精，园蔬愈珍馐。"饮食是每人每日必不可少的，但是既不能狂咀大嚼，暴饮暴食，也不能乱摆排场，暴殄天物。哪怕十分普通的厨具餐具，也应该整齐洁净。这，也是一种品味。

生活在现代文明中的我们，总是说地球只有一个，要珍惜有限的资源，要抵制过度的消费。然而，刚转过脸去又忘记了，开始追逐华而不实的排场，矫揉造作的身价。这个世界光怪陆离的诱惑太多，四处弥漫富而不贵、贫而不清的气息，什么东西都仅仅满足于一次性消费。越来越激烈的物欲竞争，使内心日益粗陋化，渐渐失去与传统美德的亲和力，对外来时尚的鉴别力。事实上，一旦不再勤俭，我们的精神贫血就需要医治了。

从这个意义上说，张香桐先生英译《朱子家训》，是一种鞭策。

游子的忧伤

年届不惑的时候，一次次离开家乡应试求仕，又一次次铩羽而归的孟郊，突然想弄清楚自己的出生之地。母亲告诉他，你是父亲在昆山当县尉时生的，后来又有了两个弟弟孟酆和孟郢。再后来，父亲就过世了。一番话，勾起他的童年记忆。于是，孟郊有了吴地之游。

那一年，是贞元六年（公元790年），他登上昆山玉峰山，重游慧聚寺，写下了一首五言古诗：

> 昨日到上方，片云挂石床。
> 锡杖莓苔青，袈裟松柏香。
> 晴磬无短韵，古灯含永光。
> 有时乞鹤归，还访逍遥场。

慧聚寺，南朝四百八十寺之一，规模恢宏，香火鼎盛。少年时代，孟郊跟着父亲来过多次。两百六十余年后的一个秋夜，奉命前来视察吴中水利的王安石，借着烛光登临玉峰山，看见了孟郊题咏慧聚寺的诗碑，随即步其诗韵，和了一首。最后的两句是："久游不忍还，迫迮冠盖场。"可以看出，他承袭了孟郊的诗风，流露淡淡的忧伤。

孟郊是以他的《游子吟》闻名于世的。"慈母手中线，游子身上衣。临行密密缝，意恐迟迟归。谁言寸草心，报得三春晖"。用线和衣这种习常所见的物品作意象，来歌颂母爱，进而透现游子的感恩与忧伤，凝练而又隽永。然而很少有人体味，诗人的内心充满了对父亲昔日殷切期盼的回应。

由于父亲早逝，诗人自幼与母亲相依为命，生活极其清苦。他的童年时代，

孟郊塑像

是在秀美的阳澄湖畔、玉峰山下度过的。父亲死后,兄弟几人只能随母亲回到湖州武康(今浙江德清)老家。失去了父亲后的孟郊发觉自己孤独无助,渐渐地养成了孤僻寡合的性格。他唯一可以依傍的,就是慈爱可亲的母亲。在他心目中,母亲就像春阳一般,以无限的恩泽滋润柔弱的小草。刻苦读书,求取功名,该是对母亲最好的报答。

从三十岁开始,孟郊踏上漫长的求仕之途,一直到四十六岁的时候,才金榜得中。这简直令人欣喜若狂。"昔日龌龊不足夸,今朝放荡思无涯。春风得意马蹄疾,一日看尽长安花"。孟郊放歌畅饮,终于苦熬出头,可以让母亲笑逐颜开了!

"谁言寸草心,报得三春晖"。这是写给母亲的,也是写给父亲的。谁知,命运跟他开了一个不大不小的玩笑。足足等待了四五年以后,孟郊已经五十岁了,才被选为溧阳县的县尉——这恰恰是父亲生前曾经干过的官职,而且溧阳离昆山并不远。县尉,职掌一县军事,负责地方治安,官职很小,抱负远大的文士多以之为耻。但是孟郊别无选择,为生活所迫,只得屈就。

孟郊没有做官的经验,父亲来不及把如何当县尉的方法传授给他,他只能穷于应付。诗,却是那么的令人迷恋。他心不在焉地做官,一心一意地作诗。溧阳城郊五里,有一处平陵故城,人迹罕至,风景优美,孟郊喜欢前来游赏吟诗,寄托情致,往往太阳落山时才回到县衙。时间长了,政务自然会荒废,上司自然会不满。上司给他派了一名助理,但分去他一半薪俸。官俸本来微薄,被分去一半,生活的贫寒可以想见。终于,孟郊不想干了,辞官归回故里。

孟郊一生困顿,连所写的诗都是"瘦"的。这个颠沛流离的游子,一生曾周游湖北、湖南、广西等地,辞官后去往洛阳,直至离世。"游子悲故乡",他的故乡是武康,更是昆山——这正是他四十岁时寻访出生地,写下五言古诗的原因呀。"有时乞鹤归,还访逍遥场",借助慧聚寺抒发的,是诗人归来时难以名状的情绪。作为英年早逝的父亲的替身,满腹忧伤是父亲的遗传,是游子无可逃避的心境。只有到了这里,内心才感到安逸闲适,逍遥自在。然而,他很快又要离开。

漂泊是游子不可选择的命运。

感时

- 云帆下的品味
- 城市的俯览与仰视
- 在景点的幕后
- 只因它太美了
- 皇帝的基本功
- 荷花淀
- 谁天生会乘飞机
- 执其两端用其中

感 时

云帆下的品味

一

明永乐三年（1405年）六月十五日，正值酷暑的刘家港，一派热闹景象。

这片浏河与长江相交的巨大喇叭口，袒露着浅褐色的平坦沙滩。生长茂盛的芦苇、在波浪里撒网打捞的渔船、对岸绰约可见的崇明岛，都在袅袅蒸腾的暑气中模糊了轮廓。近前却是桅樯如林，人群簇拥，一改往日的宁静安谧。不知是谁吆喝了一声，铿锵的锣鼓顿时敲响，震得人心里咚咚直跳。鞭炮和高升早已按捺不住，在船头上闹成一片。

郑和站在一艘昂首翘尾、髹漆成棕黑色的宝船上，努力抑制着内心的情感。他眉如剑，目如炬，脸色如漆，于逼人的轩昂气宇中，透现壮年男子的坚毅和豁达。但，眼睛里也稍稍流露几分迷惘。

西洋之旅是从未有过的壮行。对于他，不，对于整个明王朝来说，都是不容闪失的探索！

转眼望去，长江的江面上一字儿排开了208艘海船，恍若雄伟高大的城墙，那高挂的篷帆，就是在城墙飘扬的旌旗了。作为世界上最大的航海船队的统帅，他的装备是无以伦比的。208艘海船中，光是长44丈、宽18丈的宝船，便有62艘。这样巨大的宝船，无愧为天下第一。船队共有27800人，都是精心挑选的人才，分别掌管军事、财务、气象、航行、商务、翻译……各方面的工作。每150个人中，就配备一名医官。船上满载的丝绸、瓷器、铜器、黄金、漆器以及各种各样的手工艺品，更是数不胜数。

在成祖皇帝的心目中，三宝太监的这次远航，非同小可。你看，朝廷派来的官员，特意嘱人在岸边搭起了香案。一时清烟袅袅，诵经声不绝于耳。汇聚于江岸的人们，纷纷向苍天叩首祈祷，祝愿船队云帆高张，顺利平安，不负众望。

郑和抬头看了看天色，一片阳光灿烂。悬挂在宝船船头上的大旗，绣有斗大的"郑"字，在飘动中分外耀眼。这正是他的姓。这个曾经陌生的姓，给他带来荣耀，也带来压力。永远记得，是明成祖朱棣去年过春节的时候，亲笔写了一个墨水淋漓的"郑"字，当着诸位大臣的面，赐给了他。郑和小名"三保"。十二岁时，他被明军的一位将领选为皇宫的侍童，从云南来到南京。不久，入北平燕王朱棣府中，伺候了朱棣多年。抢了侄儿朱允炆帝位的朱棣，精明强干且具有远见卓识，早已看中了能文能武的三保，常把他带在身边，作为得力助手。如今，又委以重任，并配备高规格的船队，派他出使西洋。担任远航统帅的人所需要的条件，郑和恰恰都具备了。自然，钦赐姓氏的内宫监太监，对于皇上天子的忠诚，也毋庸置疑。然而，毕竟海路险恶，前程未卜……

一声震耳欲聋的号炮响过，海船犹如无数条矫健的游龙，朝着东方辽阔无垠的大海，缓缓地前行。白色的云帆在翻飞的海鸥簇拥下，鼓荡起越来越强劲的热风，推动着船队劈波斩浪。云帆渐渐远去，消逝在苍茫的海面上，也消逝在卷帙浩繁的史册间……

今天，当人们把关注的目光投向郑和，没有人不承认他的了不起——这位世界航海事业的伟大先驱，让宝船驶向西洋，比哥伦布首航美洲大路早87年，比达伽马绕过好望角到达印度早93年，比麦哲伦到达菲律宾早116年。

那么，他一次又一次的远航壮举究竟是为了什么呢？

最具权威性的说法，是"踪迹建文"——寻找在靖难之役中下落不明的建文帝朱允炆。《明史》中的《郑和传》写得很清楚，郑和下西洋是起缘于"成祖疑惠帝亡海外，欲踪迹之"。《建文本纪》、《姚广孝传》、《胡濙传》等都如是记载。然而史学界有越来越多的人们表示反对。郑和前后七次下西洋，持续达28年之久，难道这么长的时间就是为了寻找一个被废黜了的皇帝？何况，当京师城破时，建文帝已经焚死，寻找他的踪迹纯属子虚乌有……

任何一个在历史上留下印痕的事件，都不可能只具有单一的意义。远逝的云帆留下的谜，就更加耐人寻味。

二

我去浏河镇，拜谒被当地人称为娘娘庙的天妃宫。

大殿正中，安放着航海家的坐像。在东、西、北三壁以"鹏起浏港"为题的巨幅磨漆画的映衬下，郑和一副文职官员打扮。我注视着他，忽觉面熟得很，仿佛在哪儿见过。理智告诉我，这绝不可能，历史并非梦幻。后来才明白，雕塑家是以电视剧《郑和下西洋》的主人公为模特儿，创作了这件作品的。他使今人与古人合为了一体。是的，艺术是鼓励虚构的。这尊雕像在人们的心目中不仅仅是郑和，更是和平使者、民族英雄的形象呢！

仔细看，天妃宫里的郑和像有好几种。刊登在台湾文化杂志上的绘像照片是俊逸的文官，刊登在香港杂志上的却是剽悍的武将形象。一位当代国画家依据历史记载，给郑和所作的造像，又是另一番风采，与雕塑坐像毫无共同之处——身高九尺，腰大十围，四岳峻而鼻如法反。眉目分明，耳向过面，齿如编贝。行如虎步，声音宏亮。

天妃宫的楼殿一隅，供奉着天妃娘娘的金身。她全然是渔妇打扮，线条柔美的脸庞，处处呈现慈祥和庄严，令人联想起普济众生的观世音菩萨。而合拢的双眼中微微翕透的目光，又是那么高深莫测。

当年，郑和每次率领船队出航，总是要和随从人员一起来到刘家港的天妃宫，在娘娘塑像前拈香点烛，虔诚地叩碰，然后才启碇。天妃娘娘本是渔妇出身，自小双目失明。据说曾在惊涛骇浪里拯救过哥哥的性命，当然也会保佑这些负有非凡使命而又一片至诚的航海家们的。郑和不愧是一位极有组织指挥才能的官员，他懂得要使当时世界上最庞大的船队，走通一条亘古以来从未有人走过的海道，所要依靠的不仅仅是体势巍然的宝船。

航海家郑和同时也是政治家郑和，深深懂得人心归向对于事业的成败具有何等重要的作用。正是凝聚的人心，才使浩荡的船队"云帆高张，昼夜星驰，涉彼狂澜，如履通衢"。当时是在极其困难的条件下远涉重洋的啊！没有导航仪，没有经纬仪，没有航海图，他们凭着简单的罗盘、"沉锤"和"牵星过海"，更凭着三帆八橹一条心，才踩平十万里沧溟，写出了中国航海史，不，世界航海史上最辉煌的一页！

大殿前是一片修剪得十分平整的草坪。我徜徉在甬道上，抬起头，蓦然发现眼前耸立着一件雕塑。遒劲的铁锚、古朴的罗盘和迎风鼓涨的船帆，构成了很有象征意味的图案。线条精细、流畅，使黄褐色的花岗岩奇异地呈现出铁、石、棉织物等不同的质感。我的脑子里闪出一个有趣的念头。看吧，这才是真正的郑和造像啊！对于一个真正的航海家来说，除了高张的云帆，他还需要什么呢？

看似抽象的艺术品，是惯于沉默的，却十分确切地勾画出了三宝太监郑和"锚泊瀛涯"的精神内涵。

因为刘家港，郑和彪炳史册。

因为郑和，刘家港闻名于世，且是那么值得品味……

三

傍晚，我在刘家港的一家餐厅里，品味美食。

自以为也是久经沙场的人了，什么样的珍馐佳肴都见识过，在这里，我却惊叹开了眼界。江鲜、海鲜、湖鲜，各色鱼虾次第而上，简直令人目不暇接。草头长江虾、鲚鱼和塘鳢鱼，似乎是鸣锣开道的兵卒，把人的胃口稍稍吊起，却是预示着主角要登场了。

盛在陶盆里的河豚，携一股王者悍然之气，如期而至。

是谁低声说了一句："拼死吃河豚啦！"大家都会意地笑了。刘家港的河豚习惯于红烧。"一白，二肝，三皮"，老饕用筷子指点迷津。河豚的鱼白鲜嫩胜乳酪，确实难以类比。日本作家陈舜臣在他的《美味方丈记》中说："所谓'西施乳'指的是河豚腹部白色的部分，因此'西施乳'也成了河豚的别名。"其实，鱼白才是可以称之为西施乳的。他只要到刘家港走一趟，就明白了。

一整条鲥鱼包裹着鱼鳞，像一员身披铠甲的武将，在铿锵的锣鼓声中出现了。如今这个年月，鲥鱼已是罕见之物，大家都很谦让，谁也不肯先下筷箸，攒入嘴里细细品咂，又不愿轻易咽下喉咙。肥厚，柔美，鲜嫩，掺和成一种不可名状的感觉，总之，武将很快消失了，连他的铠甲都被舔得干干净净。

压轴戏，自然是刀鱼。那是头牌花旦，像一把长长的银错刀，闪烁诱人的光亮。服务生嵌住鱼头，轻巧地把脊椎两侧的肉褪下，抽走鱼骨。细微的鱼刺却抽不走，混入鲜嫩的鱼肉，令人耐心品咂。席间，再也没有任何话语，只任一股鲜香味儿，沁透了身心。怎么也没想到，刚才剔除的刀鱼骨，放在锅里一炸，居然又是一道美味，松脆得不必咀嚼。

刘家港，云帆下的刘家港，这才叫得天独厚啊！

我想起了去过两次的马六甲。

郑和下西洋，马六甲海峡是必由之路。到了今天，马六甲已成为著名的旅游点。来自欧洲、南美、非洲、中东的人们，或欣赏具有马来民族和中华民族特色的建筑，或穿行在悬挂着无数中文招牌的街巷里，耐心地挑选玉器、字画和木雕工艺品。那些凝聚着岁月沧桑的古玩珍宝，莫非正是先人们当年从遥远的故土带来的？在长长的中国街，我看到好几家修葺一新的宗族祠堂，挂着金字匾额和抱柱对联。"荔谱家声达，茶经世泽长"，一派悠远的闽南气息。而陈氏宗祠的朱漆大门上，却是陈立夫题写的匾额，十分醒目。马六甲的街巷里执着地保存着古老的习俗，这不正是漂泊者在异国他乡人心凝聚的标志？

这里居住的，有很多是郑和当年统帅的船员们的后裔。我遇到好几位华人，他们的祖籍都是福建、广东，尽管从没见过故乡的模样，却很自豪地用纯正的汉语说自己是中国人。

世界上最伟大的力量，是时间。它足以将人间的一切——政治扩张、军事冲突、经济交往、风土人情等等，都消解成文化。不管郑和下西洋有着怎样复杂的原始契机，在现代人的眼睛里，他从事的只不过是一项意义深远的文化活动。他打破了由地理因素造成的文化圈的阻隔，打破了那种"邻国相望，鸡犬之声相闻，民至老死，不相往来"的原始封闭……

那天，我们在马六甲的一家餐馆吃饭。有一道名曰"马来风光"的菜，让我兴味盎然。伸出筷子品尝时，才知道是空心菜。不过，它加入了马来人特制的调料，带有辣味和海产品的鲜味，与众不同。同行者告诉我，在马六甲海峡的华人与马来人通婚后生出的女儿，叫做"娘惹"，格外聪明伶俐。她们所做的菜别有风味，人称"娘惹菜"。

娘惹菜，与刘家港的江海湖三鲜，是一脉相承的。这些脍炙人口的美食，当年也曾陪伴过伟大的航海家郑和，以及他那些远逝在岁月烟尘中的云帆呢……

感 时

城市的俯览与仰视

我站在十八层楼，凭窗俯览。依傍着森林河流的别墅区，造型独特的艺术中心和体育馆楼群，向天穹吐出轻烟的热电厂，有汽车似甲壳虫蠕动的公路，房屋密集的动迁安置小区……在阳光下，城市副中心肌理分明。视野很宽阔，据说连气温都比闹市区低三度。

每一幢建筑都有独特的语言。我相信这句话。然而，俯览或者仰视，感觉是完全不一样的。

我们早已习惯仰视鳞次栉比的楼宇。一面面黑色、赭色或红色的屋顶，恍若城市肌肤之上覆盖的鳞甲。纵横交错的道路，是鳞甲间的缝隙。我偶尔会追溯它们的前世往生——这里曾经是存放稻谷的粮仓或生产自行车的厂房，再往前，则是一片蛙声四起的农田。眼前的一切，熟悉而又陌生，恰如无数迎面而至的脸孔。仔细想想，却不难发觉，从半地穴式的窝棚到草房泥墙，经历了数千年；从青瓦小屋到公寓大楼，经历了上百年；而从公寓大楼到智能化住宅区，只经历了十来年。

于是，我们有了更多俯览的机会。

城市是人群的聚合，是金钱的聚合，是欲望的聚合，也是形形式式的力量的聚合。无数人携妻挈儿、离乡背井来到这里，并非为了经受挫折与磨难，而是懂得理想之境永远隐藏在挫折与磨难的后面。我认识几位打拼者，当初越过长江南下时，推一辆独轮车，口袋里攥几张沾满手汗的钞票，神色迷惘。但若干年后财富便呈几何级数增长。对于他们，腰缠万贯只算是轻描淡写。无论做土方工程、开眼镜店、手机铺、摩托车行，还是温州人惯用的方式——营造小商品市场，都离不开房屋。他们抓住机遇，圈定一片或几片土地，建造高档楼盘，构筑住宅小区。城市原有的鳞甲历经百年岁月沧桑，毕竟太破旧了，亟待更新。他们敢于引领城市崭新的生活潮流，在帮助别人安身的同时，为自己找到富甲一方的理由。

一位从未晤面的教授，让我读到了他的一篇重要论文。有趣的是他对于30年前各式各样的票证依然怀念，继而怀念那种粮油、布料、肉类等生活必需品按人分配，消除阶级社会对物质占有不平等的状态。他说，绝大多数市民的物质生活没有根本差异的状态，是城市社会的稳定与和谐的基础。这跟现代都市社会中的消费主义截然不同。他设想，我们是不是应当在现代城市重建一种集体生活和集体文化，建构出一个没有"浪荡者"的都市？孤独感是现代城市最基本的心理体验。在城市中，个体获得了自由，却丧失了归属感。人是集体性的动物，人与人之间应当保有一种温情与平和。今天，我们用"单位"这样一种"集体"，或许能够让个体在城市生活中找到归属感。

他不认为自己是守旧。我同意。但他忽略了一个本质的问题，文化是建筑在一定经济基础之上的。贫穷与匮乏，是人们最为不满的地方。城市可以有多样的生活方式，却绝不能缺乏财富。财富像水一般流动，落差是它的常态。杜甫的诗句"安得广厦千万间，大庇天下寒士俱欢颜"，历来被称为争得公民居住权的最佳宣言。但直到今天，不仍然在寻找切实可行的解决之道吗？反对分配不平等，减少贫富落差，不仅仅依赖诗人的呼吁，更需要政治家们以博大的胸怀艰辛努力。

每一个城市在蓬勃的生长中，都千方百计地扩张自己。天庭饱满、地阁丰隆的相貌，象征着智慧与仁寿。城市也莫不如此。这是生命周期的必然。楼宇尽可能升高，接近苍穹，在钢筋水泥丛林里摆出与众不同的姿态，庄重、伟岸、豪迈或者楚楚动人，然后，人们俯览城市。终究，俯览令人增添尊严与信心。

水满姜里

霏霏春雨中，我们行走在八卦图似的姜里。据说，陌生人在村里转两个小时，也不一定转得出去。这或许有点夸张。但这个江南村落确实以水著称，水中有村，村中有水。蜿蜒曲折、易进难出的村路，构成了水上迷宫，连本地人也说不清楚究竟有多少条。

初春多雨，水位漫涨，更使曲折有致的水潭显得碧澄幽深。民居临水而建，村巷依水而筑。花岗石河埠浸在水中，有游鱼倏忽。几个农妇在路边挥锄，整理园圃。逗着孩童的老人投来慈祥的目光。重修的响铃桥下，樱花企盼着阳光，垂柳已迫不及待地吐露嫩芽。

东有商秧湖，西有澄湖，大直港、张华江在村边擦过，姜里村犹如一张漂浮在水面的荷叶。围拥着村落呈八卦状的水系，仿佛荷叶上的经脉，千百年来的自然构成，素朴而又玄妙。始终生活在水乡的我，也不能不为这天造地设而纳罕，而感慨。

记得少年时代，乘轮船走漫漫水路去古镇周庄。过大市镇时，会途经宽阔的商秧湖。为了让轮船加快速度，拖驳被解开了，靠在老庙码头等候。这时，拖驳上的旅客可以登岸，享受半小时的田野景色和暖洋洋的阳光。有一次，在岸边，我用野草和蚯蚓，从清澈宁静的河港里钓起好多条鳑鲏鱼，每一条蹦跳的鳑鲏鱼都带来无限欢乐。老庙，正是东岳庙。附近曾建有一座临水戏台，人们可以坐在无数小船观看乡戏。可惜，这样的景致淹没在了岁月风尘里……

村，是古老的。前些时候发掘了一处史前遗址，出土了玉璜、玉珰、人体骨架等大量文物，也发现了先人的耕作和生活遗迹。五六千年前，这里温暖潮润，四处遍布高大茂盛的绿色植物，无数鱼儿在河湖中繁衍。饭稻羹鱼的姜里，早已是富庶水乡。

村口的太极广场，村西的东岳庙，嵌在民舍墙上的磨盘，无不显现这里浸淫着道教文化。东岳庙、凤凰墩、风铃桥，是村上人引以为自豪的景点，似乎跟姜姓大族有关。《淞南志》说："姜辙，家淞南之姜里村，唐时选尚公主拜爵驸马都尉……居第在凤凰墩下"，清人彭方周《吴郡甫里志》则记载："凤凰墩，又名太公墩，在六直（即甪直镇）东姜里，相传姜太公避纣东海滨处，后人因名其地。"是否真的出过驸马都尉，姜子牙是否真的在这里居住过？难以考证，但避纣垂钓的姜子牙给后人留下谋略与智慧，却是跟八卦水村耦合的。

"上善若水。水善利万物而不争"，"天下柔弱莫过于水，而攻坚强者莫之能胜，以其无以易之"。老子的《道德经》，有很多篇章谈及水。他说，天下之至柔，能驰骋天下之至坚。水是阴柔的象征，至柔之物。但是它却能随圆而圆，随方而方，怀山囊陵，穿石销金，足以战胜许多强者。水乐意滋长万物，而不与万物相争，并且甘心停留在最低洼处，安于卑下，又是那样深沉地待机而发。

不甘平庸的姜里，也在待机而发。一条新修的公路直达村口。随着快速交通网的形成，与上海、杭州、南京的距离明显缩短了。村上人不能不掂量八卦水村的价值。

我凝视着在水潭映照下错落有致的农舍。没有车马之喧，没有商业广告，没有摩肩接踵。除了公共厕所，任何标识都没有，这足以令烦躁的心获得宁静。村外新辟的蓝莓园、猕猴桃园，已开始结果。"早春红玉"是引进的西瓜品种，提起名字就引人遐想。厌倦了钢骨水泥丛林的城里人，肯定会有极大的兴趣。

可是，世代居住于此的人们耐不住寂寞，有几十户去了城里，或者搬进镇上的公寓房，留下一幢幢空楼。这很耐人寻味。每个人的一生都在寻觅自己不具备的东西。固守与流徙，泥古与创新，清寒与繁华，永远有各自的理由。犹如姜里的风铃桥，今天改建成一座新桥，时时提供交通之便。有人却怀念原先的那座石梁桥。建造时，工匠巧妙地铺排石板，只要有人经过，桥上顿时会发出美妙的声音，随着河风四处飘散。据说，月明之夜，站在桥上，可以在桥南桥北潭水中同时看到两个月亮的倒影。然而，流逝的时光把一切都改变了。即使将坍塌的桥梁复原，风铃桥怕也很难有昔日风采。

置身于水墨画般的安谧中，我忽然想，什么时候真该在姜里村住上几天——可不能来晚了。它会日新月异。

感 时

在景点的幕后

三十年间,亲眼看着古镇挣脱蜕衣,绽露鲜活的肌肤,从地偏一隅,默默无闻,成为海内外闻名的旅游热点,该有怎样的感慨?

节后淡季的早晨,薄雾在石驳岸下氤氲。如潮的游客尚未进入古镇,没有喇叭和小旗的驱赶,街巷显出素朴静谧的本色。这让我凝思了好一会。随即与同行者走进一幢修缮中的清代建筑。破败的厅堂已复原,青黑色的水磨方砖,花岗岩鼓墩,髹漆过的桁梁与木柱,落地长窗,为空气中弥散的油漆和石灰气味所笼罩。这里即将创办一个新的旅游项目。同行者指指点点,评头品足。从匾额的文字到石阶的用料,从廊檐的高度到天井的摆设,不放过任何一个细节。

这些年,有机会参与几个古镇的旅游开发,让景点经历构思、孕育、修建、布馆,终于游客盈门,这很有意义。俗话说台上一分钟,台下十年功。呈现在舞台上的精彩,是用无数心血和汗水换来的,旅游景点情同此理。水乡潮润,砖木结构建筑难以经受漫长岁月的侵蚀,三年两头要修缮。开发则更多地为了还原历史。比如厅堂的庭柱漆成什么颜色?荸荠色、暗红色、黑色,还是木材本色?会听到很多不同的声音,甚至两相抵牾。厅堂的历史变迁,主人的身份与境遇,以及今天的功能,都是佐证。中国传统文化历来看重事物的表征。即便小小的柱础,是青石的,还是花岗岩的,是素面的,还是有纹饰的,也大有讲究。古镇保护的决策者,那些自学成才的古建筑专家,依据千年历史,掺入乡土情感,权衡,决策,殚精竭虑寻找合适的材料,甚至把整幢老屋买回来,重新构建。我认识好几个工匠,他们没读过什么书,却有足够的经验,能将破旧不堪的明清建筑修旧如旧,完整呈现,连一个斗拱、一扇花窗都不可能走样。当年苏州干将路拓宽,许多明清大宅不得不被拆除,面对堆积如山的古旧材料,不知让他们兴奋了多少天。

我也做过类似的事。那年为恢复顾炎武故居,我们去苏州山塘街寻觅可以移建的古建筑，贝氏祠堂是主要目标。贝氏祠堂始建于清顺治年间，是苏州市控制保护建筑。由于新修的二环线公路将要从这里穿越而过，不能不拆除。眼下，门楼、照壁、翘檐以及无数精细的砖雕，仍十分完整。"文革"中有人用纸筋石灰涂没了那些栩栩如生的艺术品，旁边涂写了革命标语，使它们躲过了一场劫难。

高大的贞节牌坊，叙说着贝家跌宕起伏的变迁史。贝家原籍浙江兰溪，明代中叶迁居至苏州。最初在阊门外南濠街卖草药兼做中医。经过四代人苦心经营，贝家的中药业在吴中赢得良好声誉，并且逐渐衍为苏州地方的四富之一。

明代崇祯年间，贝家第四世贝启祚当上了礼部儒士。没想到，到清顺治二年（1645年），当他的独生儿子贝琅七岁时，贝启祚竟突然患病，药石无效，丢下孤儿寡母，撒手人寰。他的妻子程氏是一位极有忍耐力的贤惠媳妇。在丈夫逝世后，含辛茹苦守节34年，将儿子抚养成人。她每天织麻纺纱直到深更半夜，以养家糊口。即使一日三餐难以果腹，仍教育儿子要继承家业，施药救人，惠泽乡里。贝琅没有辜负母亲的殷切期望，后来经营药店有成，被举为乡饮介宾。他生有四个儿子，长子因屡考不第和丧偶，精神委靡，不利家事。三子也英年早逝。全靠次子贝钰鼎力相助，四处奔波，贝琅才撑起家业。谁知贝钰三十岁刚过，又突然病逝。贝氏一度家道中落。直到幼子贝鈱长大成人，放弃科举，挑起重担，一心襄助父亲经营药业，终于使贝家得以复兴。

显然，贝家没有中断香火，及至繁衍成一个在国内外卓有影响的家族，程氏值得记上一笔。她那难言难诉的痛楚、漫无边际的磨难，并没有完全淹没在贞节牌坊的阴影里。

在将贝氏祠堂拆除时，每一块构件都仔细作了编号。移建后，成为顾炎武故居的重要一进。厅堂和照墙完整如斯。令人瞩目的是砖雕门楼，典型的清代中期风格，集各种雕刻技艺以一体，精细，繁复，华美，端庄，历经几百年岁月风霜的侵蚀，几乎没有什么破损。

顾炎武先生的故乡，能将贝氏祠堂移建并发挥其独特的作用，彼此间当有着

古镇石板街

不解之情缘。若干年以后,山塘街恢复贝氏宗祠,只好另行想办法构建了。

　　古镇之所以成为古镇,成为旅游胜地,是因为有无数历史遗存镶嵌在石板街、石驳岸和石拱桥的缝隙里。君不见,古往今来很多叱咤风云、左右时局的人物,不是生养在古镇,就是曾与古镇结下不解之缘。或者是厌倦了官场、商场、战场的惊心动魄,卸甲归来,安安心心地构筑高大的院落,修建园林亭榭,品味小桥流水,演绎"三言"、"两拍"的世俗风情。古镇很小,无非是湖荡围拥中的弹丸之地,为封闭而凝滞,因贫困而守成,却仿佛是一本书,一本封面早已泛黄的线装书,能让人读到韵味无穷的故事。书页间,石拱桥勾勒出清晰的章回,古老的宝塔、祠堂、楼阁和茂盛的银杏、罗汉松、黄杨、紫藤、圆柏,敷衍生动的情节。而将故事演绎得跌宕起伏的，毕竟是那些著姓望族的豪宅。厌倦了都市喧嚣的人们，怎么会不喜欢前来走读呢？

是的，无论是名人流寓还是富豪遗迹，都应该展示个性的辉芒。这一切汇成了古镇的个性。游客的目光是挑剔的，他们不喜欢假古董，他们蔑视那些没有文化底蕴的景点，他们会用脚来投票。太湖流域的古镇星罗棋布，大同小异，如今纷纷开发旅游。要提升核心竞争力，做好景点是第一要素。然而，光是知名度，触发点可遇而不可求，往往靠烧钱还不一定能胜出。

记得十几年前，我们曾去苏州山塘街寻访玉涵堂。据《桐桥倚棹录》记载，玉涵堂在通桥西，明文端公吴一鹏所居，人犹呼之为"阁老厅"。吴一鹏，为明代弘治六年（1493年）进士，累官至大学士，入内阁，曾任吏部右侍郎，后出任南京吏部尚书，谥号文端。玉涵堂，面积达两千多平方米，有近九十间房屋的大型建筑群，尚是茶厂废弃的厂房，四处墙圮壁倒，蛛虫网结。楼梯吱嘎作响。黄鼠狼突兀地从草丛里蹿出。但仔细看去，厅堂楼宅的桁条、椽子、枋子和大梁仍十分坚实，立柱浑圆粗壮，室内的清水砖，天井的青石板，无不凝聚着久远的岁月。轩亮高敞的大厅，梁架扁作坚固，梁背呈现弓形，素面无纹，台梁和山架梁之间则填以荷叶墩，使大梁显得十分稳固。尤其是那些合抱粗的青石鼓墩，雕刻着极其精细的纹饰，是非常典型的明式风格，令人想像厅堂昔日的高敞与气派。

当时，陷入困境的茶厂无奈中打算拆除旧屋，腾出空地来搞房产，我们闻讯后，立即与他们协商，将它移建在水乡古镇，成为景观。这个设想在关键时刻被叫停了。有关部门很快投入巨资，把玉涵堂修复，使之成为山塘街景区最亮丽的一环。

当我再次参观玉涵堂时，眼前的建筑，已经按照原有风格修葺一新。内堂的布置则处处透现姑苏传统文化的意蕴。制作桃花坞年画的艺人，娴熟地以传统方式涂抹雕板，然后分别印在纸上。用现代声光手段重演的山塘繁华图，使人们返回遥远的历史。在某种意义上，它已是一座苏州商业博物馆。

我偶尔会想，假如真的把玉涵堂移走了，山塘街景区将会变成什么模样？

感 时

只因它太美了

　　记得几年前去日本京都，为金阁寺的辉煌而震撼，很认真地拍摄了一组照片。坐落在一池碧水旁的金阁寺，是一幢富丽堂皇的三层楼阁。全殿的外壁全部用金箔作装饰，在阳光和水面的映照下，美得让人不敢逼视。在三楼具有中国唐代风格的"究竟顶"上，还有一只辉煌耀眼的金凤凰展翅欲飞。

　　金阁寺本名鹿苑寺，最初建于1397年，是室町幕府将军足利义满的别墅。三年后，改为他的修禅之所。由于殿阁被修饰得金碧辉煌，当时便称之为"金阁殿"。1994年作为古京都历史遗迹的一部分，被联合国教科文组织列为世界文化遗产。

　　奈良的东大寺，足以与之媲美。始建于公元745年的大佛殿，是目前世界上最大的木建筑。屋顶分上下两层，上层盖有13.5万片银黑色的瓦，两旁的鸱尾是金色鱼尾形装饰，在阳光的照射下闪烁灿烂夺目的金色光辉。大佛殿金堂中，安放着堪称日本第一的奈良大佛。东大寺的梅花鹿，是野生的，成群结队怡然自得地出入于树林、草坪、寺院，丝毫也不怯生，随时都可以与游客一起拍照，令人难忘。

　　后来才知道，金阁寺是半个多世纪前被人纵火烧毁后重修的。三岛由纪夫在他的小说中，虚构了一位名叫沟口的年轻人，生理上有缺陷，说话结结巴巴，难免自卑，于是把对美的追求作为精神支柱。最后竟一把火烧毁了金阁寺，只因为"金阁寺太美了"！

　　有"诗歌中的莫扎特"之誉的波兰诗人辛波丝卡，在一首写于京都旅馆的诗中有这样的句子："京都是一座城，动人的美令人落泪。／我是说真实的泪水，／出自一位先生，／一个行家，／文物古迹的热爱者，／在一个关键的时刻，在一张绿色桌子后，大声地说：／等而次之的城市多的是呀！／然后在座位上，突然开始啜泣。就这样京都获求了……""一位先生",指的是建筑学家梁思成。他曾担任战区文物保护委员会副主任,1944年为国民政府及盟军(美军)编制敌占区需要保护的文物建筑名单。他建议,盟军在战争中必须保护日本历史文化名城京都和奈良。这个建议产生了极其重要的作用。日本人把梁思成尊称为"日本古都的恩人"和"日本文化的恩人",并且塑铜像纪念。

然而,能够保护京都和奈良诸多历史遗迹的梁思成,却无法保护自己的故居。上世纪30年代梁思成、林徽因位于北京东城区北总布胡同24号院的住所,2012年春节前再遭拆除。尽管这个院落跟梁思成的事业密切相连。那时,他参加了影响深远的中国营造学社,夫妇俩发现了世界上现存最早、保存最好的石拱桥——赵州桥,最高的木构建筑山西应县木塔,中国现存最伟大的唐代建筑——山西五台山佛光寺。遐迩闻名的"太太会客厅"曾经是文化精英聚会的场所。只因它太美了,开发单位进行了维修性拆除。好一个"维修性拆除",汉字的功能被发挥到了极致!

辛波丝卡因患肺癌在克拉科夫去世,终年八十八岁。1996年获得诺贝尔文学奖以后,这位美丽的老太太并没有写出多少诗歌,被人们说成"诺贝尔悲剧"。其实,光是这一首《京都旅馆》,就不止令人落泪,更让人五内俱焚。"那位软心肠的先生,/那个行家,/那个文物古迹的热爱者,/如果在这里,他又会做什么?"是啊是啊,软心肠的先生如果知道自己的故居被拆,会做什么呢?又能做什么呢?

感 时

皇帝的基本功

几年前，在中国台北"故宫博物院"买过一册小书《知道了》，是关于清代皇帝朱批奏折的。偶尔拿出来看看，颇有些感触。且不说皇帝亲力亲为，批阅了多少宫中秘档（仅台北"故宫"就藏了十五万八千余件），处理了多少国事，光是他们用汉文或满文书写的"知道了"三字，就让人知道，书法也是皇帝的基本功。

清朝皇帝自康熙起，人人都练习书法，雍正、乾隆更是好于此道。康熙在《圣祖仁皇帝庭训格言》中说："朕自幼嗜书法，凡见古人墨迹，必临一过，所临之条幅手卷将万余，赏赐人者不下数千……大概书法，心正则笔正，书大字如小字。此正古人所谓心正气和，掌虚指实，得之心而应之于手。"康熙很喜欢董其昌的字，从朱批奏折上看出，他的书法结体疏秀圆润，起止着意于回锋、勾挑或提按，受到了董其昌的影响。至于皇帝们的书法有怎样的成就，谁也不会妄加评论，但是上有所好，下必甚焉，不仅影响了士大夫阶层的书体，更左右着当时的科举选才。书法甚至成为衡量人才的一个标准。

据徐珂《清稗类钞》"朝考殿试重楷法"载："朝廷重视翰林，而取之之道以楷法，文之工拙弗计也"。"一字之破体，一点之污损，皆足以失翰林"。进士殿试，文章写得怎么样，不是很重要，书法才是第一位的，而且必须用楷体。写坏了一丁点，便不会被录取。这让今天的人们看来，简直是匪夷所思。还不算稀奇，《郎潜纪闻二笔》也有这样的记载："近数十年，殿廷考试，专尚楷法，不复问策论之优劣，以致空疏浅陋，竞列清班"，乃至"抄袭前一科鼎甲策，仍列鼎甲者"。科举考试仿佛变成了书法大赛，笑话闹得不大不小。

惟书法取人，显然是不合理的，太过极端。然而到了今天，书法不再成为必备的工作技能，也令人扼腕。很多人不会使用毛笔，用钢笔和圆珠笔写的字也惨不忍睹。有人很生动地形容，犹如纳粹集中营劫后余生的犹太人，不是缺胳膊少腿，就是前胸贴着后背的饿殍。即使是读了本科和硕士的，笔下的字也让人不敢恭维。

还不止于此。许多年轻人习惯于电脑键盘或手机触摸屏，用手指调动汉字。一旦改用钢笔，往往"临表涕泣，不知所云"。不是思路阻塞，就是写错写别，哪怕是极其简单的常用字，也会突然变得不相识，僵持在那儿。比如说，走进银行填单子，写不出大写的壹贰叁肆，那该是一种怎样的狼狈？

我们当然不当皇帝，也不考科举，但书法是中华民族的优秀文化遗产。有些基本功，是必须成为基本功的，任何状态下都不能丢。

天下没有纯粹的黑与白

天下没有纯粹的黑与白，只有程度不同的灰。这句话首先讲的是绘画，所谓"墨分五色"。在水墨画里，只用单一的墨色，也可以使画面产生丰富的色彩变化，墨色至少有干、湿、浓、淡、焦五种。

从绘画跑到现实生活中，我们却发现，黑白分明常常是一条很重要的原则，将黑白两者混淆，涉及政治立场，至少会被戴上糊涂虫的帽子。确实，任何黑的、白的观点都是容易鼓动人心的。很少有人倡导灰色的观点。何况，介于黑与白之间的灰，最最难以掌握尺度。

一个仔细想想就可以明白的道理是，矛盾的事物并不一定非黑即白，而往往是介于黑白之间的不同状态的灰色。很多时候，没有绝对的正确，也没有绝对的错误，两种截然相反的意见是不能立辨是非的。那么，我们为什么不找一个介于两者之间的办法，把激烈的争论引入黑白之间的缓冲地带——灰色地带呢？或许这样反而能找到协调的方法。

中华文化崇尚"和谐"。所谓"和谐"，就是指事物之间配合得适当和匀称，组合得恰当协调。万物都是由阴阳两种不同的物质组成的，阴阳相反相成，组合得恰到好处，配合得适当和匀称，事物的发展才能处在最佳状态，反之，就会出现不良状态。

我们经历过遇事走极端的岁月。倡导美化环境，就把所有的墙壁都涂上白色。对于自己反对或者是不满的事物，毫无例外地抹上黑色。说要发展经济，就全民经商，全民招商，男女老少一齐上阵。说要为国争光，各类体育竞赛就以金牌论英雄，拿到了银牌或铜牌的，几近于失败。

显然，极端的思维常常是过度的，"过犹不及"。这样的教训早已举不胜举。那么不妨学一点灰色的理论，合理地在黑白之间寻找到一个平衡点。换言之，去找到"度"的把握。从这个意义上说，灰色思维是一种顺应自然规律，按自然规律办事的思维，而不是碰到什么事情了，就一闷头走极端。用非黑即白、非白即黑的方式做事，碰壁是难免的。

梁漱溟先生曾经在《中国文化要义》中概括了中国传统文化的特点："温顺和平，耻于用暴，重文轻武，文雅而不免纤弱，特喜调和妥协，中庸及均衡，不为己甚，适可而止。"这段话，与孔子的"中庸之为德也，其至矣乎"一脉相承。孔子反对在思想和行为上走极端，主张"无过无不及"的适度原则，追求有原则、有标准的和谐境界。所谓"君子和而不同"，即君子相互和谐共处，但不盲目附和。他的思维，其实也是灰色的。

社会现实错综复杂，生活中往往会遇到让自己难以把握的事，学点灰色思维，也许真的能让心态改善许多，处世方式灵活许多。

荷 花 溇

立交桥如巨大的恐龙骨架，在村庄的一侧飞架。公路上整天风驰电掣。荷花溇早已不复可见，依傍于它的许多民房也被拆迁了。但我始终记得这个美丽而贫瘠的名字。它，原本是一片白茫茫的低洼溇潭，连年遭受涝灾。民谣说："只见秧船去，不见稻船回。"农民都是陆续从苏北逃难过来的。后来又有一批城里学生插队落户。转瞬间，便是四十多年过去了。

我陪一位从日本回来的教授去荷花溇。当年，他就是知青中的一员。他带着一个吴方言的研究课题，重游故地，辨认依稀记得的面容，与他们攀谈。然而在由崭新的楼房、汽车、店铺组成的村子里，人们依旧操着浓重的苏北口音，不少年轻人则流畅地说普通话。什么是荷花溇的方言？我感到迷惘。

村里的周围，是农田和蔬菜大棚。北面，一片树林簇拥着凝滞的小河，显然这是修建高速公路时取土的结果。高速公路改变了村镇布局，也改变了人们的思维方式。我与教授在村里漫步时，忽然想起了这句话。随着大片的土地被批租，公路和厂房肆意扩展，原先由竹园、河埠、稻草堆和粉墙黛瓦构成的农舍，早已被整整齐齐的公寓楼所代替。越来越多的农民不再与稻禾麦苗为伴，纷纷进了工厂。日出而作，日落而息的习惯被打破了。年轻人争先恐后地在城里买了房子，把家搬了出去。村子里空余的房子，陆续贴出招租的广告，而临街则开设了川湘饭店、土家香酱饼店和小超市。当外来人口远远多于本地人口的时候，普通话也就不推自广了。

方言，或者称作乡音，是很奇特的东西。一个人能够在很小时离开家乡，满世界漂泊，把别人的语言说得很流利，可是跟自己的父母、兄妹打电话，却只会用家乡话表达。难怪贺知章的《回乡偶书》"少小离家老大回，乡音无改鬓毛衰"，成为千古绝唱。

不少原生态发音，简洁而生动，表述着极其丰富的含意，让乡里人一听就心领神会，却根本无法转化为文字。这是几百年来人们在同一空间内生活的约定俗成。假如在一个遥远而陌生的地方，忽然听到耳熟能详的乡音，哪怕是铁石心肠，也会热血潮涌的。可惜，作为人们集体文化记忆的乡音，已日渐为强势的流行语言所同化。上海有媒体记者专门做过调查，问"肩膀"用方言怎么说？结果发现绝大多数的学生说成"鸡膀"，一口的洋泾浜。让中学生用方言读一篇文章，他们中的大部分人会疙疙楞楞，不知所云。这让语言学家们深感忧虑。乡音中蕴含的文化基因变异，将使我们失去理解语言本质的机会，失去某种认知的信息……

　　乡音，本是我们习以为常的东西，很少有人会将它的保护，与珍贵的生态资源保护一样相提并论。恰恰相反，那么多家长拼命地让孩子学英语，考托福、雅思、GMAT、GRE，然后花大把的钱送出去接受西方教育。然而，当这些孩子因远离乡音而失去汉民族特征，乃至产生认同危机，我们又该如何救赎？

　　走在荷花溇的村路上，教授说："所以我要做吴方言的课题啊！"

谁天生会乘飞机

我有一位朋友，平素轻易不愿外出。熟人常常以他第一次乘飞机的洋相取笑他。那天刚一入座，听喇叭里通知要扣保险带，他就开始塞金属搭扣。反复了几次，总算咔嗒塞进去了，突然发现怎么也解不开。飞机的座舱很紧仄，弄得他额角上都冒汗了。两边都是陌生人，又不好意思问，一直到飞机快要降落时，才侥幸摸到了窍门。一泡尿憋得满脸通红，差点喷薄而出。

他说这根本不算什么。一位同事在机场经历安检时，让他掏出口袋里的东西，解开腰间的皮带，他不仅乖乖地解开，随手爽快地把裤子往下脱。身穿制服的女警察正用棍子在前后上下探寻呢，发现情形不妙，急忙制止，挥挥手让他赶快走掉。他如逢大赦，匆匆束上皮带，连输送带上的钱包手机钥匙登机牌统统忘了。

这位同事自我解嘲："不知者不罪，谁是天生会乘飞机的？"倒也是。第一次经历某些事，出点洋相完全是正常的。有些人即使成了"空中飞人"，也难免乱了方寸。一位朋友从上海去广州，等候登机时只管闭拢眼睛想心事，别人排队进门，他无动于衷。一会儿喇叭里叫喊他的名字，催促他迅速登机，他仍然木知木觉，什么也没听见。等他省悟过来，航班早已走了半个多小时。这叫做老马失蹄。

回想我自己第一次坐沙发，发觉屁股深深地往下陷，竟忍不住惊叫了起来。坐飞机也是如此，在舷窗边怔怔注视夜晚的太空，看月亮那么圆那么亮，激动得手忙脚乱地拍照片，谁知一张都不派用场。后来，有一次从符拉迪沃斯托克飞往莫斯科，坐的是俄罗斯的伊尔-62客机，虽然看上去有些粗糙，机舱还算宽敞。坐在身边的是一位俄罗斯阿姨，丰乳肥臀、浓妆艳抹之外，还喜欢喋喋不休，香水和巧克力的味道直往鼻子里钻，让我一连打了七个响嚏。夜航，距离不短，又有七八个小时的时差，一待安顿下来我就乖乖地打瞌睡，免得明天到了红场走不动路。第二天，同伴小宇问我，昨晚飞机上最生动的一幕，你有没有看到？我茫然地摇摇头。他像发现莫大的秘密，表情诡异地说，你身边的漂亮阿姨，和一个喝了两瓶伏特加的男子，午夜时分一起进了洗手间，至少半个小时后才出来。我感到很惊讶，如此狭窄的空间怎么能容纳两个人？但小宇从他们走出洗手间时舒畅的神色发现，两人已如愿以偿。他还肯定地说，这两个人刚上飞机时拎着各自的行李，是互不相识的，否则她怎么和你坐一起？

这家伙的观察能力实在太强，什么隐秘的事情都瞒不过他。看来，这位俄罗斯阿姨，才是天生会坐飞机的。即便在八千米高空，她也把机会抓得牢牢的。

脸　相

那天，在超市停车场，一个身穿袈裟有点跛足的中年男子招着手，从车隙间走过来，开口便夸我的面相如何有福，今年一定会发大财。见我无动于衷，忙掏出一张名片，印有安徽九华山某寺大法师某某字样。我打量着他的脸相，只从一脸谄笑就可以肯定他并非大师。于是对他说，我跟你是同行。他一愣，顿时流露纳罕的神色，不知该怎么说。我很认真地告诉他，我在政协工作，常常联系宗教界的政协委员。他忙讪讪地说声打搅了，转过身，又走向几个乡下来的妇女。

我为他感到悲哀。如果他真的懂得相术，早该给自己修正人生的运势，犯不着处心积虑地去蒙人了。

每个人都有一张脸。脸与脸总是相似的，却又各不相同，可以说世界上没有两张完全相同的脸。正因为如此，脸相的照片贴在身份证和护照上，能从法律上证明一个人的身份，乃至人格。脸相（我特意用这个词，区别于面相），透现着人复杂的内心，又蕴藏着人的无限秘密。所以，中国的先哲把人的脸相用五行加以分类解析。《黄帝内经·灵枢》把禀赋不同的人归纳为金木水火土五种类型，并且详细地指出了各类人的肤色、体型、禀性、态度和时令适应方面的差异。

我行走在人头簇拥的大街上，有时会想，或许从脸相能看出一个人的籍贯、品性、职业，甚而是所在家族的迁徙流变。一位皮肤白皙、眼珠微蓝、鼻子尖尖的女孩，说自己家里几代人都生活在江南水乡。可是脸相却告诉我们，她的生命基因中多少有些西亚血统，尽管追溯起来异常艰难。

每一个人都希望获得受人好评的脸相，英俊、靓丽、坚毅、聪慧、威严、娟秀……充满男子气或女人味。尤其是在重外表、轻内质的商品经济时代。脸，与身体的其他器官一样，是爹妈给的。但除了先天条件，后天的自我塑造也很重要。我相信外貌和内心的对应，相信一个善良、真诚、宽厚的人，永远也不会有丑陋的脸相，相信所谓相术一点也不玄秘，因为决定命运的终究不是脸孔。

人的一生是不断变化着的。每一张脸都写满了时代和岁月的语言，镶嵌成纵横交错的皱纹。我有一个少年时代就相识的朋友，方方的脸庞，挺直的鼻梁，厚厚的嘴唇，目光炯炯有神。后来，他当上了某家公司的总经理，在波诡浪谲的商海里沉沉浮浮多年，居然真的变成一副商人的脸相，脸庞渐渐瘦削，烟和酒让肤色显得晦暗。两只眼睛眯缝着，似乎老是在算计着什么。

你知道历史上有多少名人是缺乏好脸相的？孔夫子的名声不可谓不大，然而他的脸却像螃蜞。皋陶是尧帝时代的一位贤臣，做过许多开天辟地的大事，他的脸却像削瓜。商代的名臣伊尹，脸上没有一根胡子和眉毛，看起来有些吓人。治水的功臣大禹是个瘸子，只能一跳一跳地走路，由于长年在外日晒雨淋，他的脸黑如木碳。可是，脸相并没有妨碍他们名垂青史。

事实上，恰恰由于他们缺乏外貌上的优势，才促使他们发愤努力而成为一代圣贤。

闹学图

清代画家华喦作有洋溢着无限童趣的《闹学图》。当塾师伏案酣睡时，孩子们乘机嬉闹。有的用竹竿挑塾师的帽子，有的站在椅子后给他头上插花，有的在桌下脱掉它的鞋子。而在庭院里，三个孩子横棒竖棍地演习武戏，一个年幼的孩子躲闪不及，摔倒在地，逗得在假山芭蕉丛后的两个孩子拍手叫好。偏房里，两个打闹的孩子正爬出窗户，但仍有一个孩子似乎无动于衷，端坐在椅子上用功读书。生动活泼的喜剧场面，令人忍俊不禁。

昆剧《牡丹亭》也有春香闹学一折。春香是杜丽娘的贴身小丫环，南安太守杜宝聘请塾师陈最良教小姐诗书，命春香伴读。春香淘气，屡次戏弄陈夫子。陈夫子一气之下竟欲辞馆。当我们看到春香手摇团扇，侧目身边年迈的塾师，伺机顶嘴、嘲讽，逗出一连串笑话时，总要流露会心的笑意。春香其实是不满严酷封建家教的杜丽娘的替身，她的闹学，恰恰传递出杜丽娘掩藏心底的青春意愿。

古往今来的艺术家，无疑是从保护天性的角度欣赏孩子们的天真、活泼、顽皮。闹学一旦成为值得歌颂的题材，冬烘先生遭受讽刺，也就很自然了。不过，刻苦攻读在任何时候都被推崇。

台湾女作家三毛也有闹学的经历。她也许是因为偏科，数学成绩太差，连"鸡兔同笼"之类的题目都搞不清楚，也许是个性太倔强，不愿意逆来顺受，被老师罚站墙角，她心中顿时涌起屈辱的感觉，随即想到反抗。说不去上学，就是不去上学，而且越来越严重。休学在家，独自关起门来看书，艰涩如《资治通鉴》等历史、哲学、政治之类的著作，她看过后，都能记住。

三毛在她的文章中说，那时候，"我"的志愿是当一名拾荒者，因为这样不但可以呼吸新鲜的空气，同时又可以在大街小巷玩耍，更重要的是在垃圾中寻找宝藏。遭到了老师打偏了的黑板擦和两次重写的惩罚，却没有改变"我"内心的坚强的信念。这一生的拾荒梦，总是有人继承了再做下去，垃圾们知道了不知有多高兴呢。

孩子所特有的天真与质朴，跃然纸上。

在课堂里，老师都希望学生们全神贯注地接受自己的教诲。事实上，善于把课程弄得颇有戏剧性，充满趣味的老师，不管他教什么科目，都会赢得学生的好感，并且激发学生们的兴奋点，快快乐乐地专心好几个小时。但是，如果某个老师激起了学生的叛逆性，课堂的局面就可能变得很紧张。明显或不明显的"闹学"，就难以避免。闹学，其实只是对得不到老师尊重的一种反叛。

执其两端用其中

　　一生都在强调人的社会性的费孝通先生，曾从文化的社会性和历史性的角度提出了"文化自觉"的理论。他希望大家通过"文化自觉"对自己的社会和文化进行反思。

　　文化究竟是干什么的？简而言之，文化是要创造一个美好的世界，一个艺术化的世界，在物质极大丰富的基础上，再建筑起一个美好的精神世界。"文化自觉"，是指生活在一定文化中的人们，对文化的自知自明，明白它的来历、形成过程和在生活各方面所起的作用。显然，只有在认识和理解多种文化的基础上，才能在这个多元文化的世界里确立自己的位置，与其他文化取长补短，共同建立一个有共同认可的基本秩序和一套各种文化都能和平共处的守则。

　　在文化国际化步伐日益加快的今天，我们如何"执其两端用其中"，把握文化的特点和优势，充分认识自己的个性特征与和而不同的内在规律，做到既要大力继承、丰富、弘扬优秀传统文化，又要积极汲取和融合世界先进文化，既要"拿来"，又要"送去"，既要坚守，又要嬗变，在不断的冶炼、创新、升华中，丰富文化蕴涵，提升文化品位，使之在创新中得到发展，真正成为城市的第一品牌，是不可忽视的课题。

　　传统文化的保护与弘扬，始终是艰难的，也并非靠几个钱就能搞定。"文革"后有很长一段时期，我们失去了文化自信，觉得什么都是外国的好，连中医这样的国粹也被丢到一边。优雅的昆曲也是由于受到了欧美观众的赞赏，才"出口转内销"。文化自信的缺乏几乎渗透到各个领域，遑论文化自觉。如今，随着现代制造业的蓬勃发展，各种不同的意识形态、价值观念和生活方式带来了冲击，传统文化怎样保持特有的魅力，给我们的城市带来荣耀，为生活在这个城市中的每个人所认可，继而推进现代制造业？我们该如何回答这个问题？

感 时

深圳的一位证券工作者,写了一篇题为《深圳,谁抛弃了你》的文章,在网络上点击率很高。他认为,作为一个城市,深圳几乎没有历史人文的沉淀,在城市发展过程中又难以凝聚成城市精神。国贸大厦可以作为深圳精神的载体,如今蜷缩在罗湖不显眼的地方,周围有许多违章建筑……显然,这篇文章不只是给深圳,也给所有以制造业著称的城市提出了文化的警示。

其实,世界先进制造业基地和传统文化古城,两者是丝毫不矛盾的。美国的汽车制造基地底特律、波音公司所在地西雅图、可口可乐公司的所在地亚特兰大,这几个有着强大制造业的城市,从没有放弃自身的文化传统。

我们不妨以亚特兰大为例。它既是历史名城,也是新兴的工商业城市和文化、医疗卫生中心。近年来,随着北方工商业和人口南迁,经济发展迅速,有飞机、汽车、纤维、机械、钢铁、食品等工业。可口可乐公司总部也设立在这座城市。

可口可乐配方的发明者潘伯顿,是一个药剂师,也是一个古典书法家。他认为"两个大写C字会很好看",因此灵机一动,决定用"Coca-Cola"作为"可口可乐"的英文名字。"coca"其实是古柯树叶子提炼的香料,"cola"则是可乐果实中取出的成分。100多年来,"可口可乐"的商标一直没有改变,乃至成为美国的象征——在这里,我们无论如何也无法低估了文化的力量。

提起文化,亚特兰大还是著名黑人民权运动领袖马丁·路德·金的故乡。在亚特兰大市区桃树大街与第十街交汇处,有一处玛格丽特·米切尔故居。米切尔是美国著名小说《飘》(又译《乱世佳人》)的作者。根据这部小说改编的经典电影《乱世佳人》,获得过奥斯卡金像奖。亚特兰大还值得称道的是当现代奥运百年诞辰之际,1996年7月19日至8月4日,在这里举行了第26届奥运会。亚特兰大奥运会的主题歌《登峰造极》,演唱者是美国的古巴裔拉丁歌手伊斯特芬。伊斯特芬曾经因车祸导致半身瘫痪,"如果我能攀登更高,我要触摸广袤的天空",当她在亿万人面前放歌奥运时,谁也没想到她是依靠植入脊椎的两根8英寸钛棒,才站立起来的。

诺贝尔奖获得者、美国经济学家萨缪尔森在他的《经济学》中说，美国的实力是建立在实业的基础上的。一个国家的强大，一个民族和地区的繁荣与富庶归根到底还是一个国家的工业基础，实业就是基础。然而，决不能忘记了文化。我们谁都要应该记住，文化是一个民族的精神和灵魂，是一个民族真正有力量的决定性因素，可以深刻影响一个国家发展的进程，改变一个民族的命运。

世界在急剧地变化着。改革开放三十年来，我们借助低廉劳动力的优势，通过建立加工区、提供税收优惠、加强政府服务等措施，在承接国际制造业转移方面取得了举世瞩目的成就。但是，随着人力成本的上升，资源能源的约束，传统的产业开放模式必然会落后于产业分工调整的步伐。不少经济学家预言，人类将进入完全意义上的服务业社会。传统意义上的制造业将不复存在。未来产业，都是服务业。全球化进程取得突破性进展，资金、技术、劳动力等各类生产资源可以在全球范围内自由流动配置，商品和服务的生产、供给、需求可以在全球范围内整合形成，全球货物贸易和服务贸易规模将大幅增长。

显然，经济与文化相互促进、相互激荡发展，已成为提高城市综合竞争力的潮流和趋势，成为城市建设发展到了某个阶段时的自觉需求。

事实上，不少企业家也正在把目光转向文化产业。曾出资拍摄电影《白银帝国》的鸿海集团董事长郭台铭，雄心勃勃地打算拍摄一百部电影。他认为自己的成功奥秘就在于企业文化。

儒家历来主张运用中庸之道，《论语·雍也》说："中庸之为德也，其至矣乎！"孔子认为，处理事情不偏不倚、无过无不及的态度是最高的道德标准，也是处理事物的基本原则和方法。显然，传统文化的保护弘扬与先进制造业的拓展深化，必然会同生共长，相得益彰。

执其两端用其中，体现了决策者的高瞻远瞩。

现代企业流水线挥洒出浓郁的现代气息，古镇与园林的精致古雅、昆曲的清丽委婉，描画着悠远的传统风貌。这一切，永远给人超越时空的强烈震撼。

www.ingramcontent.com/pod-product-compliance
Lightning Source LLC
Chambersburg PA
CBHW062138160426
43191CB00014B/2320